Baudelaire · Die Paradiese des Teufels.
Der Spleen von Paris

CHARLES
BAUDELAIRE

DIE PARADIESE DES TEUFELS

oder

DER SPLEEN VON PARIS

Fünfzig Nocturnes in der deutschen Fassung
von
Franziska & Fritz van Eycken

HAFFMANS VERLAG
BEI ZWEITAUSENDEINS

1. Auflage Leipzig, April 2021

Titel der posthumen französischen Originalausgabe:
Petits Poèmes en prose
Titel- & Einbandzeichnung von Paul Verlaine
Weiteres im Editorischen Bericht
am Schluss des Bändchens

Druck & Bindung: Kösel, Altusried-Krugzell

ISBN 978-3-96318-106-1

Inhalt

FÜR ARSÈNE HOUSSAYE

À Arsène Houssaye

Lieber Freund:
Ich schicke Ihnen hier eine kleine Arbeit, von der man, ohne ungerecht zu sein, nicht sagen kann, dass sie weder Kopf noch Schwanz hat. Ganz im Gegenteil: praktisch alles besteht von vorne bis hinten nur aus Köpfen und Schwänzen. Bedenken Sie, welch wundersame Bequemlichkeit diese Vereinigung uns allen bietet: Ihnen, dem Leser und mir. Wir können überall und jederzeit nach Belieben aufhören: ich mit meinen Träumereien, Sie mit dem Manuskript, der Leser mit seiner Lektüre, denn ich binde den widerstrebenden Leser nicht an den Faden einer endlosen, überfein gesponnenen Handlung. Nehmen Sie einen Wirbelknochen heraus und beide Enden dieser geschlängelten Phantasie werden mühelos wieder zusammenwachsen. Zerhacken Sie das Ganze in zahlreiche Glieder, und Sie werden sehen, dass jedes Glied für sich bestehen kann. In der Hoffnung, dass einige von ihnen lebensvoll genug sind, um Ihr Gefallen zu erregen und Sie zu unterhalten, wage ich es, Ihnen die ganze Schlange zu widmen.

Eine Kleinigkeit noch: Nach der mindestens zwanzigsten vollendeten Lektüre der berühmten »Gaspard de la Nuit. Nachtstücke in Rembrandts und Callots Manier« von Aloysius Bertrand – hat ein Werk, das Ihnen, mir, und einigen unserer Freunde bekannt ist, nicht das Recht, »berühmt« genannt zu werden ? – ist mir die Idee gekommen, etwas Ähnliches zu versuchen, und auf die Schilderung des modernen Lebens, oder vielmehr eines modernen, abstrakteren Lebens das Verfahren anzuwenden, das er auf die Darstellung des antiken, so eigentümlich malerischen Lebens verwendet hatte.

Wer von uns hat nicht in seinen ehrgeizigen Tagen das Wunder einer poetischen Prosa erträumt, die musikalisch wäre ohne Reim & Rhythmus, gehämmert und schmiegsam genug, um sich den lyrischen Schwingungen der Seele anzupassen, den Wellen der Träumerei und sich dabei den Zuckungen des Bewusstseins fügt?

Diese dringende Sehnsucht erwächst wesentlich aus dem Leben in den großen Städten mit ihren unzähligen Verknüpfungen und Verschlingungen. Haben nicht Sie selbst, mein Freund, versucht, den schrillen Schrei des »Glasers« in ein Chanson einzufangen und in einer lyrischen Prosa all die trostlosen Suggestionen auszudrücken, die dieser Schrei bis in die Mansarden hin durch den lautesten Lärm der Masse trägt?

Um die Wahrheit zu gestehen: Ich fürchte, meine Eifersucht hat mir kein Glück gebracht. Kaum hatte ich meine Arbeit begonnen, so bemerkte ich, dass ich nicht nur von meinem geheimnisvollen und glänzenden Vorbild weit entfernt blieb, sondern auch, dass ich etwas – wenn dies hier sich überhaupt »etwas« nennen darf – etwas völlig Verschiedenes erreicht hatte; ein Ereignis, das jeden anderen als mich mit Stolz erfüllt haben könnte, einen Geist aber nur demütigen kann, der es als höchstes Ziel des Dichters betrachtet, genau das zu vollbringen, was zu erreichen er sich vorgesetzt hatte.

Der Ihre
C. B.

DIE PARADIESE
DES TEUFELS
oder
DER SPLEEN VON PARIS

Fünfzig Nocturnes

I.

DER FREMDE
L' Étranger

— Wen liebst du am meisten, sprich, rätselhafter Fremder? Deine Mutter, deinen Vater, deine Schwester oder deinen Bruder?

— Ich habe weder Mutter, noch Vater, noch Bruder, noch Schwester.

— Deine Freunde?

— Sie verwenden ein Wort, dessen Sinn ich nicht kenne.

— Dein Vaterland?

— Ich weiß nicht, wo es liegt.

— Die Schönheit?

— Gern möchte ich sie lieben, die göttlich-unsterbliche.

— Das Gold?

— Ich hasse es, wie Sie Gott hassen.

— Was liebst du denn, erstaunlicher Fremder?

— Ich liebe die Wolken, die ziehenden Wolken … dort oben … die wundervollen Wolken.

II.

DIE VERZWEIFLUNG DER ALTEN

La Désespoir de la vieille

Die kleine runzlige Alte war ganz entzückt, als sie das hübsche Kind sah, dem alle gefallen wollten; dieses süße Ding, so hilflos wie sie selbst und genau so kahl und zahnlos wie sie selbst.

Sie näherte sich ihm, nickte ihm zu und wollte es streicheln. Aber das Kind erschrak und sträubte sich gegen die Zärtlichkeiten der verrunzelten alten Frau und schrie entsetzlich laut.

Da verkroch sich die gute alte Frau für immer in ihre Einsamkeit und sprach zu sich: »Wir unglücklichen alten Frauen. Die Zeit der Schönheit ist vorbei – nicht einmal die Kleinen mögen uns noch. Den Wesen, die wir lieben möchten, jagen wir Angst ein.«

III.

DIE KÜNSTLERBEICHTE

Le Confiteor de l'artiste

Wenn Herbsttage zur Nacht sich neigen – wie ergreifend ist das. Ergreifend bis zum Schmerz. Eine köstliche Empfindung, deren Unbestimmtheit die Intensität noch steigert; es gibt keinen eindringlicheren Stachel als das Unendliche.

Welche Wonne, den Blick in der Unermesslichkeit des Himmels und des Meeres zu verlieren. Einsamkeit, Schweigen, unvergleichliche Reinheit des Azur! Ein kleines Segel zittert am Horizont, in seiner Winzigkeit und Vereinsamung das Abbild meines unheilbaren Daseins, wie der Bass der Brandung. Alle Dinge um mich denken durch mich, und ich denke durch sie, denn in den Tiefen der Träume verliert sich das Ich; ja, sie denken, doch sie *denken* in Tönen und Farben, ohne Sophisterei, Syllogismen, Wortklaubereien.

Diese Gedanken – ob sie nun aus mir selbst kommen oder aus den Dingen in mich eindringen – sie werden bald allzu heftig. Die Macht der Wollust zeugt Unwohlsein und Schmerz. Meine überspannten Nerven peinigen mich bis zu Konvulsionen.

Die Tiefe des Himmels bestürzt mich, seine harte Klarheit erbittert mich. Der ewige Gleichmut des Meeres, seine glitzernde Ruhe, die ewige Unveränderlichkeit des Schauspiels empören mich … Müssen wir denn ewig leiden? Ewig die Schönheit meiden? Natur, du mitleidlose Zauberin, du immer siegreiche Rivalin: lass mich los! Hör auf, meine Sehnsucht, meinen Ehrgeiz zu versuchen!

Die Schönheit fassen zu wollen, ist ein Zweikampf: Der Künstler schreit vor Angst und sinkt besiegt zu Boden.

IV.

EIN SCHERZKEKS
Un Plaisant

Mit Rausch und Taumel begann das Neue Jahr. Ein Chaos aus Matsch und Schnee, durchkreuzt von tausend Equipagen – glitzernd von Spiel- und Zuckerzeug, wimmelnd von Gaffern und Verzweifelten: der ganz normale Wahnsinn einer großen Stadt, geschaffen, das Gehirn eines gestandenen Einzelgängers aus der Fassung zu bringen.

Inmitten dieses Gewirrs und Geschreis trottete munter ein Esel, angetrieben von der Peitsche eines Burschen.

Als der Esel gerade um die Ecke bog, trat ein Herr auf ihn zu, tadellos behandschuht und nach neuester Mode in feines Tuch gewandet, er verneigte sich vor dem schlichten Tier, zog seinen Hut und sagte: »Ich wünsche Ihnen ein gutes und glückliches Neues Jahr!« Darauf wandte sich Seine Eitelkeit wieder seiner Entourage zu, um sich an ihrem Beifall zu berauschen.

Der Esel hatte den Scherzkeks gar nicht bemerkt, trabte weiter und folgte dem Ruf seiner Pflicht.

Mich aber ergriff grenzenlose Wut über diesen aufgeblasenen Kretin, der den gesamten Esprit Frankreichs in sich zu vereinigen schien.

V.

DAS DOPPELZIMMER
La Chambre double

Ein Traumzimmer, ein vergeistigtes Zimmer in unbewegter Luft erfüllt von Blau und Rosa.

Die Seele nimmt ein Trägheitsbad, parfümiert von Tatenlosigkeit und Sehnsucht.

Ein Wollusttraum zur Dämmerung in Blau und Rot, als sich das Taggestirn eintrübt.

Die Möbel lang gedehnt wie hingegossen, scheinen zu träumen, erfüllt von mondsüchtigem Eigenleben wie Pflanzen und Minerale. Die Stoffe sprechen eine stumme Sprache – wie Blumen, Himmel, Sonnenuntergänge.

An den Wänden keine Kunst. Gegen den reinen Traum, den vagen Eindruck wäre jede endgültige Kunst nur eine Lästerung. Hier überall das köstliche Halbdunkel in Harmonie.

Ein unendlich zarter Duft erlesenster Art, mit ganz leichter Feuchtigkeit vermischt, schwebt in dieser Sphäre, darin der schlummertrunkene Geist von Treibhaus-Glück sich wiegen lässt.

Von den Fensternischen vor dem Bett fließt üppig Musselin herab, wie Schneekaskaden fällt es leicht hinunter. Auf dem Bett liegt das Idol, die Herrin meiner Träume. Wie ist sie hierhergekommen? Wer führte sie mir zu? Welch magische Macht hob sie auf diesen Thron der Träume und der Liebeslust? Was solls: Sie ist da! Ich erkenne sie.

Ja, das sind ihre Augen, deren flammender Blick die Dämmerung durchdringt; die erhabenen, die schrecklichen Augen: an ihrer furchtbaren Bosheit erkenne ich sie. Sie fesseln, sie unterjochen, sie verzehren die Blicke des Unvorsichtigen, der sie anschaut. Schon oft hab ich sie aufmerksam betrachtet, die schwarzen Sterne der Neugier und Gebieter der Bewunderung.

Wer ist die gütige Fee, der ichs verdanke, dass ich so von Geheimnissen, von Schweigen, von Frieden und von Duft umgeben bin? O Seligkeit! Was wir gewöhnlich Leben nennen, hat selbst in seinen glücklichsten Sekunden mit diesem höheren Leben nichts gemein, das ich jetzt kenne und koste – Minute um Minute, Sekunde um Sekunde.

Nein! Nicht Minute, nicht Sekunde mehr. Die Zeit hört auf zu sein, die Ewigkeit regiert, die Ewigkeit der Wonnen.

Da erdröhnt die Tür unter einem schweren schrecklichen Schlag; mir war, als träfe mich in einem Inferno-Traum ein Axthieb in den Leib.

Ein Gespenst ist eingetreten. Ein Gerichtsvollzieher ist gekommen, mich im Namen des Gesetzes zu foltern; eine abscheuliche Dirne, die mir ihr Elend vorjammert und die Schmerzen meines Lebens durch die Niedrigkeit des ihren noch vergrößert; oder der Domestik eines Zeitungsmoguls, der die Fortsetzung eines Skripts verlangt.

Das paradiesische Zimmer, das Idol, die Herrin der Träume, *die Sylphide*, um mit dem großen René zu reden – nach diesem Faustschlag des Fatums sind alle Zauber entflohen.

Entsetzen, die Erinnerung kehrt zurück! Ja. Dieses Loch, die Brutstatt ewiger Langeweile ist meine Wohnung. Das sind meine schmutzigen, schäbigen, scheußlichen Möbel; der Kamin ohne Feuer, ohne Glut, mit Auswurf besudelt; die blinden Fenster, in deren Staub der Regen trübe Furchen zog; die Manuskripte unfertig oder durchgestrichen; der Kalender gespickt mit unheilvollen Daten.

Und dieser Duft einer Traumwelt, an dem ich mit allen Sinnen mich berauschte, wich dem Gestank von kaltem Tabak und modrigem Schimmel. Jetzt atme ich die Ranzigkeit der Verzweiflung.

In dieser engen ekelhaften Welt gibt es nur eins, das mir ein Lächeln schenkt: Die Opium-Phiole, die alte fürchterliche Freundin, wie alle Freundinnen voll Zärtlichkeiten und Verrat.

O ja, die Zeit ist wieder da: die unumschränkte Herrscherin, die teuflische Greisin naht sich wieder mit ihren dämonischen Gestalten: Reue, Kummer, Krämpfe, Furcht, Ängste, Albtraum, Wut und marternde Empfindlichkeiten.

Und die Sekunden nähern sich schweren, schleppenden Schrittes, und eine jede rückt weiter und spricht: »Ich bin das Leben – ich bin das unerträgliche, unerbittliche Leben.«

Eine Sekunde nur ist uns im menschlichen Dasein gegeben, um eine frohe Botschaft zu verkünden, *Die frohe Botschaft*, die jeden mit unerklärlicher Furcht erfüllt.

Ja, solange regiert die Zeit. Sie nimmt ihre brutale Diktatur wieder auf. Sie treibt mich mit ihrem Doppelstachel. Als wär ich ein Stück Vieh. Ein Zugochse im Joch:

»Hü doch, du Aas. Schwitze, Sklave! Lebe, Verfluchter!«

VI.

JEDEM SEINE CHIMÄRE

Chacun sa chimère

Unter einem weiten grauen Himmel in einer großen staubigen Ebene, ohne Wege, ohne Gras, ohne eine Distel, ohne eine Brennessel, traf ich mehrere Männer, die gebückt daherschritten.

Ein jeder trug auf seinem Rücken eine gewaltige Chimäre, so schwer, wie ein Mehl- oder Kohlensack oder der Tornister eines römischen Fußsoldaten.

Aber das grauenhafte Ding war keine leblose Last; im Gegenteil: Mit seinen mächtigen elastischen Muskeln umklammerte es den Mann, seine gewaltigen Pranken schlugen und krallten sich in die Brust des Lasttieres und sein Fabelkopf überragte dessen Stirn gleich einem der furchtbaren Helme, durch den die alten Krieger die Furcht ihrer Feinde zu vergrößern suchten.

Ich sprach einen von ihnen an und bat ihn, mir zu sagen, warum sie sich derart beschwerlich fortbewegten. Er antwortete, darüber wisse er nichts, weder er noch die anderen; doch gingen sie – so meinte er – irgendeinem Ziel entgegen, zu dem sie von einer unwiderstehlichen Willensmacht getrieben würden.

Und sonderbar: Keiner der Wanderer schien empört zu sein über das wilde Tier, das an seinem Hals hing, wenn es nicht zwischen seinen Schultern hockte; es war, als betrachteten sie es, als wärs ein Stück ihrer selbst. Auf diesen erschöpften ernsten Gesichtern war keine Verzweiflung zu lesen. Unter dunstig grauem Himmelsgewölbe, die Schuhe voller Staub von einer Erde, die ebenso trostlos wie ihr Himmel war, gingen sie unentwegt weiter mit den erloschenen Gesichtern derer, die verdammt sind, ewig zu hoffen.

Und der Zug schritt an mir vorüber, tauchte in des Horizontes grauen Dunstkreis ein, dort wo die runde Oberfläche unseres Planeten sich der Neugier des Menschenauges entzieht.

Für die Dauer einiger Augenblicke war ich versessen, dies Mysterium begreifen zu wollen. Doch schon bald legte sich eine unwiderstehliche Gleichgültigkeit um mich und schien auf mir schwerer zu lasten als die erdrückenden Chimären auf den Wanderern.

VII.

DER NARR UND DIE VENUS

Le Fou et la Vénus

Welch köstlicher Tag! Unter dem Glutblick der Sonne ist der Park ganz in Auflösung, wie Jugend unter dem Zwang der Liebe.

Kein Laut verrät den Rausch der Dinge; die Wasser selbst scheinen zu schlafen. Anders als die Feste der Menschen begeht die Natur eine Orgie des Schweigens.

Unter dem sengenden Strahlenmeer brennen Blütenkelche vor Begier; die Farbenpracht sucht sich machtvoll mit dem Blau des Äthers zu vermengen; die Hitze gibt dem Duft Gestalt, dass er Wolkenballen formend sich zum Firmament erhebe.

Und doch – in all dem Jubel, sah ich ein trauriges Geschöpf.

Zu Füßen einer gewaltigen Venus saß im Narrenkleid: des Königs eigener Narr und Spaßmacher, der ihn lachen machte, wenn Seelenpein und Langeweile die hohe Herrschaft plagten. Er stak im klassischen Harlekingewand, das Haar mit Schellen, Eselsohren und Hörnern geputzt, die Augen tränenblind der Göttin zugewandt.

Seine Blicke sprachen stumm: »Der letzte und einsamste unter den Menschen bin ich, aller Liebe und Freundschaft bar, geringer noch als jedes Tier. Und doch wurde auch ich geschaffen, die ewige Schönheit zu erfühlen und zu fassen. O Göttin, erbarm dich meiner Traurigkeit und Sehnsucht.«

Doch die makellosen Marmoraugen der Venus blickten in die ewige Weite.

VIII.

DER HUND UND DER FLAKON

Le Chien et le flacon

»– komm, mein guter Hund, mein liebes Tierchen, mein kleiner Wonne-Wauwau, schnupper mal an diesem wunderbaren Parfüm, das ich vom besten Parfümeur der Stadt erworben habe.«

Mit dem Schwanze wendelnd – ein Zeichen, das, wie ich glaube, dem menschlichen Lächeln entspricht – kommt der Hund näher und steckt seine feuchte Nase neugierig in den frisch entstöpselten Flakon; jäh weicht er erschreckt zurück und bellt mich vorwurfsvoll an.

»Blöder Köter, hätte ich dir eine Probe Kot oder einen Spritzer Urin unter die Nase gehalten, hättest du es entzückt beschnüffelt oder gar gleich aufgeschleckt. Und somit gleichest auch du, unwürdiger Gefährte meines trüben Daseins, dem Publikum, dem man niemals erlesene Düfte vorsetzen darf, die es nur anwidern, sondern nur ausgesuchten Dreck.«

IX.

DER SCHLECHTE GLASER
Le Mauvais Vitrier

Es gibt rein kontemplative Naturen, die zum tätigen Leben gänzlich unfähig sind, die aber unter einem unbekannten, geheimnisvollen Einfluss bisweilen mit einer Schnelligkeit handeln, derer sie sich selbst nicht für fähig gehalten hätten.

Solche, die aus Angst, beim Hausmeister eine schlimme Nachricht vorzufinden, stundenlang feige um ihre Haustüre herumschleichen, ohne den Mut einzutreten; solche, die einen Brief vierzehn Tage ungeöffnet mit sich herumtragen, ohne ihn zu lesen; oder solche, die erst nach sechs Monaten einen seit Jahresfrist notwendigen Gang unternehmen, fühlen sich plötzlich unter einem unwiderstehlichen Zwang zur blitzartigen Tat getrieben, wie ein Pfeil, der von der Sehne schnellt.

Psychologen und Mediziner, die doch alles erklären können, haben keinen Schimmer, wo diese trägen, sinnlichen Seelen plötzlich diese tolle Energie hernehmen, und wie sie, die unfähig sind, die einfachsten notwendigen Dinge zu erledigen, wie angeflogen ein Übermut für die absurdesten, ja oft gefährlichsten Taten überkommt.

Einer meiner Freunde, der harmloseste Träumer, den es je gab, setzte einmal einen Wald in Brand, um – wie er sagte – zu sehen, ob das Feuer wirklich so leicht um sich greift, wie behauptet wird. Zehn Mal missglückte sein Versuch; beim elften Mal glückte er nur allzu gut.

Ein anderer steckte sich eine Zigarre auf einem Pulverfass an, nur um zu sehen, um zu wissen, um das Schicksal zu versuchen, um sich selbst einen Beweis von Energie abzunötigen, aus Spielerei, um die Freuden der Angst kennenzulernen, um nichts, aus Laune, nur so …

Diese Art von Energie entspringt der Langeweile und der Träumerei, und die, bei denen sie sich so nachhaltig offenbart, sind, wie gesagt, meistens die indolentesten und verträumtesten Wesen.

Ein anderer ist so schüchtern, dass er seine Augen vor den Blicken anderer niederschlägt, er muss seine ganze Willenskraft aufbieten, um ein Café zu betreten oder durch die Sperre des Theaters zu gehen, wo die Kontrolleure ihm gleichsam mit der Majestät eines Minos, eines Äakus oder eines Rhadamanthus angetan erscheinen. Und genau so einer springt plötzlich einem wildfremden Greis an den Hals und umarmt ihn mit stürmischer Begeisterung vor der erstaunten Menge.

Warum? ... Weil dieses Gesicht ihm unwiderstehlich erschien?

Vielleicht; wahrscheinlicher ist, dass er selbst nicht wusste, warum.

Ich selbst bin mehr als einmal das Opfer solcher Krisen und Anfälle geworden, die uns zu dem Glauben berechtigen, dass sich bei uns boshafte Dämonen einschleichen und uns ohne unser Wissen ihren absurden Willen aufzwingen.

Eines Morgens war ich schlechter Laune aufgestanden, noch bedrückt und müde vom Nichtstun und gerade in der Stimmung, etwas Großes, Aufsehenerregendes zu vollbringen, öffnete ich das Fenster – leider.

(Man beachte bitte, dass der Geist der Mystifikation, der bei vielen Menschen nicht das Resultat der Arbeit oder der Berechnung, sondern einer zufälligen Eingebung ist, an dieser Laune, und sei es nur durch die Inbrunst des Verlangens, starken Anteil hat. Und diese Laune, die die Ärzte hysterisch, und alle, die ein bisschen tiefer denken, satanisch nennen, treibt uns widerstandslos zu einer Reihe gefährlicher oder gar unanständiger Unternehmungen.)

Der erste, den ich auf der Straße bemerkte, war ein Glaser, dessen gellender Schrei durch die dicke schmutzige Pariser Luft zu mir drang. Es wäre mir übrigens unmöglich, zu erklären, warum ich mich beim Anblick dieses armen Menschen plötzlich von einem so heftigen despotischen Hass gepackt fühlte. »He! He!«, schrie ich und winkte ihm zu heraufzukommen. Inzwischen dachte ich nicht ohne eine gewisse Heiterkeit, dass mein Zimmer im sechsten Stock lag, die Treppe sehr eng war, und der Mann einige Mühe haben dürfte hinaufzusteigen, ohne sich mit seiner zerbrechlichen Ware an den vielen Ecken zu verhaken. Endlich erschien er. Ich musterte gründlich seine Sachen und sagte dann:

»Was? Sie haben kein buntes Glas? Keine rosa, roten, blauen Scheiben? Keine magischen Fenster? Keine paradiesischen Gläser? Sie wagen es, durch das Armenquartier zu gehen ganz ohne Scheiben, durch die man das Leben in Schönheit sieht?«

Wuterfüllt stieß ich ihn die Treppe hinunter, über deren gewundene Stufen er grummelnd stolperte.

Ich trat auf den Balkon, bewaffnet mit einem kleinen Blumentopf; als der Mann wieder auf der Schwelle der Haustür erschien, ließ ich mein Geschoss pfeilgerade auf die Kante seiner Traglade sausen. Der Prall war so umwerfend, dass sein Rücken nachgab, und sein ganzes ambulantes Hausierervermögen zu Bruch ging. Der Lärm war so durchdringend, als hätte ein Blitz den Kristallpalast zerschmettert.

Und von wilder Wut berauscht, schrie ich ihm nach: »Ein Leben in Schönheit! Ein Leben in Schönheit!«

Solche Scherze bergen auch Gefahren und oft muss man sie teuer bezahlen.

Aber was schert mich die ewige Verdammnis, wenn ich eine Sekunde der unendlichen Lust kosten konnte? Denn alle Lust will Ewigkeit.

X.

NACHTS UM EINS
À une heure du matin

Endlich! Allein! Man hört nur noch das Rollen einiger verspäteter, todmüder Droschken. Einige Stunden lang tritt Schweigen, wenn nicht gar Ruhe um uns ein. Endlich vergeht die Tyrannei menschlicher Gesichter; keiner kann mich noch quälen, nur durch mich selbst werde ich leiden.

Endlich! Im Bad der Dunkelheit darf ich entspannen. Erst die Tür doppelt verschließen. Das verstärkt meine Einsamkeit und meine Barrikaden gegen die Welt.

Furchtbares Leben! Fürchterliche Massen der Großstadt.

Was ist passiert? Ich habe einige Literaten getroffen, einer fragte, ob man Russland auch auf dem Landweg erreichen könne (er muss Russland für eine Insel gehalten haben); souverän mit dem Verleger eines Wochenblatts diskutiert, auf jeden meiner Vorschläge kam seine Antwort: »Wir vertreten die Anständigen.« Was heißen sollte: Für alle anderen Blätter schreiben nur Schurken. Zwanzig Leute begrüßt, von denen ich fünfzehn nicht kannte; zu viele Hände geschüttelt, sorgloserweise auch noch ohne Handschuhe. Um während eines Regenschauers die Zeit zu verkürzen, zu Besuch bei der Tänzerin einen Stock höher, sie bat um den Entwurf eines betörenden *Venus-Kostüms*; beim Theaterdirektor reingeschaut, der mir zum Abschied riet: »Sie sollten sich an Monsieur Z. wenden, den talentfernsten, dümmsten und erfolgreichsten meiner Autoren, mit dem könnten Sie das hinkriegen. Schauen Sie mal, was sich machen lässt, dann sehen wir schon«; mich mehrerer hässlicher Handlungen gerühmt, die ich nicht begangen habe; dagegen andere mit Wonne vollbrachte Gemeinheiten feige geleugnet; mich der Sünde der Prahlerei schuldig gemacht; einem Freund eine Gefälligkeit verweigert, einen ausgemachten Widerling schriftlich weiterempfohlen; Himmelherrgott – reicht das nicht?

Unzufrieden mit der Welt und mir selbst möchte ich mich demütig im Schweigen und der Einsamkeit der Nacht erlösen.

Ihr, die ich geliebt und die ich besungen habe, stärkt und haltet mich, nehmt von mir Lüge und Bosheit, Herr & Gott lass mich mit deiner Gnade noch Schönes schaffen, damit ich nicht der Geringste unter deinen Geschöpfen bin, nicht noch geringer als all die, die ich verachte.

XI.

DIE POWER-BRAUT & DAS BETTHÄSCHEN

La Femme sauvage et la petite-maîtresse

»Echt, mein Schatz, du gehst mir tierisch auf den Keks; wenn man dich seufzen hört, könnte man meinen, du leidest mehr als eine Spargelstecherin über sechzig oder eine Pennerin, die vor den Kneipen Brotkrusten & Kippen aufklaubt.

Wenn dein Genörgel wenigstens von echten Gewissensbissen käme, könnte das vielleicht noch was bringen; aber es verrät nur: Du bist kaputt vor Faulheit und leer vor Langeweile. Dazu das ewige: ›Liebst du mich noch? Ich brauche ganz viel Liebe. Halt mich fest. Tröste mich hier, streichle mich da.‹ Jetzt pass mal auf. Ich will versuchen, dich zu heilen, und das Heilmittel werden wir vielleicht für zwei Groschen auf der Kirmes nebenan finden.

Schau dir doch bitte mal diesen massiven Eisenkäfig mit dem haarigen Untier an, ein von Gefangenschaft völlig fertiger Urang-Utan, der brüllt wie verdammt, an den Stäben rüttelt, als ob es tausend Stäbe gäbe; und sich im allerkleinsten Kreise dreht und dir irgendwie ähnlich sieht.

Dies Ungeheuer ist eins jener Tiere, die man für gewöhnlich ›mein Engel‹ ruft, das heißt, eine Frau. Und das andere Ungeheuer, das, einen Stock in der Hand, wie ein Besessener schreit, ist ein Ehemann. Er hat seine legitime Ehefrau wie ein Tier gefesselt und führt sie auf Jahrmärkten in den Vorstädten vor, wohlverstanden mit amtlicher Genehmigung.

Pass auf! Sieh, mit welcher (und vielleicht echter) Gier sie die lebendigen Kaninchen und das kreischende Geflügel zerreißt, das der Wärter ihr vorwirft. ›He!‹ ruft er, ›man muss nicht an einem Tag alles auf einmal auffressen.‹ Und bei diesen weisen Worten entreißt er ihr grausam ihre Beute, deren herausgerissene Eingeweide einen Augenblick an den Zähnen des wilden Tieres kleben bleiben.

Da! Ein kräftiger Stockhieb, um sie zu beruhigen. Denn sie wirft entsetzlich gierige Augen auf das Fressen, das man ihr genommen hat. Großer Gott! Der Stock ist kein Theaterrequisit! Hast du gehört, wie er trotz des falschen Fells auf das Fleisch klatscht? Auch treten ihr jetzt die Augen aus dem Kopf, und sie heult *natürlicher*. Sie sprüht in ihrer Wut Funken, wie Eisen, das man hämmert.

Dies sind die Ehesitten dieser beiden Nachkommen Adams und Evas, diese Werke deiner Hand, o mein Gott. Zweifellos ist diese Frau unglücklich; wenn ihr bei allem vielleicht die prickelnden Freuden der Berühmtheit nicht unbekannt sind. Es gibt unheilbareres Unglück, das nichts aufwiegt. Aber in der Welt, in die sie geworfen wurde, konnte sie niemals glauben, dass die Frau ein anderes Schicksal verdient.

Nun zu uns beiden, mein Schmuckstück. Wenn ich mir jetzt so die Höllen ansehe, die diese Erde bevölkern, was, glaubst du, soll ich von deiner hübschen Hölle halten? Du, die du nur auf Stoffen schläfst, die weich sind wie deine Haut, nur zartes Filet zu dir nimmst, das ein kundiger Diener des Fleisches dir mundgerecht zugeschnitten und gereicht hat?

Und was sollen mir all diese kleinen Seufzer bedeuten, die deine duftenden Brüste schwellen, du kräftige Kokette? Und all deine aus Romanen angelesene Feintuerei und diese unermüdliche Melancholie, gemacht, um dem Zuschauer ein ganz anderes Gefühl als Mitleid einzuflößen? Echt, manchmal überkommt mich die Lust, dir zu zeigen, was wirkliches Unglück ist.

Und wenn man dich so sieht, schöne Empfindsame, die Füße im Dreck und die Augen verschwommen himmelwärts verdreht, wie um einen Prinzen herunterzuflehen, möchte man sagen: Jung-Frosch bei der Anbetung seines Traums. Und wenn du den armen Menschen verachtest (du weißt, das bin jetzt ich) hüte dich vor dem Dummkopf, der dich zu seinem Vergnügen umbringen, kleinhacken und fressen wird.

Wenn ich auch Dichter bin, bin ich doch nicht der Blödmann, für den du mich hältst, und wenn du mir länger mit deinem aufgesetzten Geflenne auf den Geist gehst, dann traktier ich dich als die Power-Braut, die du gern sein möchtest, oder werf dich gleich aus dem Fenster – wie eine leere Flasche.«

XII.

DIE MASSEN
Les Foules

Nicht jedem ist es gegeben, ein Bad in der Menge zu nehmen: Die Massen zu genießen, ist eine Kunst, und nur der kann auf Kosten der Menschheit in Vitalität schwelgen, dem eine Fee dies auf den Lebensweg mitgegeben hat: einen Hang zur Schauspielerei und Maskerade, eine Leidenschaft fürs Reisen und Hass auf spießige Nesthockerei.

Der schöpferische Dichter macht aus *Masse* und *Einsamkeit* gleichwertige, sich ergänzende Begriffe. Wer seine Einsamkeit nicht zu bevölkern weiß, versteht es auch nicht, in der wogenden Masse allein zu bleiben.

Der Dichter genießt das unvergleichliche Vorrecht, beliebig er selbst oder ein anderer zu sein. Wie eine umherirrende Seele, die einen Leib sucht, dringt er in jede beliebige Person ein. Ihm allein steht alles offen; wenn manche Plätze ihm verschlossen scheinen, so lohnt es nicht, dass sie erforscht werden.

Der einsame versunkene Spaziergänger schöpft aus dieser Gemeinschaft mit der ganzen Welt einen eigentümlichen Rausch. Wer sich leicht den Massen vermählt, kennt die fieberschweren Genüsse, die dem Egoisten ewig verborgen bleiben wie ein verschlossener Koffer, und dem Trägen, der sich als Molluske in sich selbst verkapselt. Alle Berufe, alle Lebensformen, alle Freuden wie alle Leiden werden zu seinen – als wärs ein Stück von ihm.

Was die Menschen Liebe nennen, ist so kläglich, so winzig und schwach angesichts dieser unsagbaren Orgie, dieser heiligen Prostitution der Seele, die sich, ganz Gedicht und Nächstenliebe, dem Unvorhergesehenen hingibt, dem Unbekannten, das vorüberschwebt.

Es tut gut, die Glücklichen dieser Welt zu lehren, und sei es auch nur, um für den Hauch eines Augenblicks – ihren stupiden Hochmut zu demütigen –, dass es ein höheres, ein größeres, weit raffinierteres Glück als das ihre gibt.

Die Weltreisenden, die Forscher und Entdecker, die an die Enden der Welt verbannt wurden, die wissen von diesem geheimnisvollen Rausch, und im Schoße der großen Familie, die ihre eigene Kraft sich schuf, müssen sie bisweilen über die lachen, von denen sie um ihres so bewegten Geschicks und lustfernen Lebens willen beklagt werden.

XIII.

DIE WITWEN
Les Veuves

Vauvenargues sagt, dass es in öffentlichen Parkanlagen Alleen gibt, die fast nur von gescheiterten Existenzen besucht werden: von erfolglosen Erfindern mit erloschenem Ruhm, von ranzigen Herzen, von überdrehten und verschlossenen Seelen, in denen noch das letzte Grummeln eines Gewitters nachgrollt. Solche, die vor den plumpen Glotzblicken der Müßiggänger und Windbeutel weit weg entfliehen möchten. In diesen schattigen Zufluchten finden sich die gebrochenen Leben.

Die Dichter und die Philosophen lieben es, gerade diese Plätze abzugrasen, sie finden dort sicheren Weidegrund. Denn wenn sie etwas verschmähen, dann die Lustbarkeiten der Reichen, deren hohler Trubel bietet nichts, was sie reizen könnte. Im Gegenteil, sie fühlen sich zu allem hingezogen, was schwach, gescheitert, elend und verwaist ist.

Ein erfahrenes Auge täuscht sich niemals. Aus diesen harten und gedrückten Gesichtern, diesen hohlen, matten oder noch von der letzten Erregung des Kampfes zuckenden Blicken, aus diesen tiefen zahlreichen Runzeln, diesen schleppenden oder hastigen Schritten enträtseln sie sogleich die zahllosen Geschichten von getäuschter Liebe, verratener Hingabe, erfolgloser Anstrengung, vom geduldig erlittenen Hunger, von schweigend ertragener Kälte.

Haben Sie schon mal auf einer dieser einsamen Bänke Witwen beobachtet? Arme Witwen? Sie sind leicht zu erkennen, ob sie in Trauer sind oder nicht. Bei den Armen in Trauer vermisst man oft die Harmonie, deswegen wirkt sie noch herzzerreißender. Der Arme in Trauer ist gezwungen, mit seinen Schmerzen zu knausern. Der Reiche trauert volle Kanne im Luxus.

Welche ist die traurigste und bedauernswerteste Witwe: die ein Kind an ihrer Hand führt, das ihre Versunkenheit nicht teilen kann, oder jene, die ganz allein ist. Ich weiß es nicht … Einmal bin ich einer traurigen Alten mehrere Stunden lang gefolgt. Aufrecht schreitend, in einen kleinen fadenscheinigen Schal gehüllt, verkörperte sie in ihrem ganzen Wesen einen stoischen Stolz.

Wahrscheinlich war sie durch lange Einsamkeit zu den Gewohnheiten alter Junggesellen verdammt, der männliche Charakter ihrer Sitten verlieh ihrer Strenge einen geheimnisvollen Reiz. Ich weiß nicht, in welchem schäbigen Café sie frühstückte, was sie dort zu sich nahm. Ich bin ihr ins Lesekabinett gefolgt und hab sie dort lange beobachtet, wie sie mit lebhaften Augen, die einst von Tränen brannten, die Zeitungen nach Nachrichten von persönlichem Interesse durchsuchte.

Am Nachmittag endlich, unter einem herrlichen Herbsthimmel – einem jener Himmel, aus dem die Erinnerungen und Sehnsüchte nur so herabrauschen – ließ sie sich nieder, um abseits der Menge einem der Volkskonzerte zu lauschen, welche die Regimentskapelle den Parisern bietet.

Das ist die kleine Ausschweifung dieser unschuldigen Alten, der Trost für einen jener langen Tage, die Gott auf sie niederfallen lässt, ohne Freundin, ohne Gespräch, ohne Freude, ohne Vertrauten, vielleicht seit Jahren schon. Dreihundertfünfundsechzigmal im Jahr.

Und noch etwas:

Ich konnte nie widerstehen, einen Blick, wenn auch nicht voller Wohlwollen, so doch voll Neugier, auf die Pariser Plätze werfen, wo sich das Konzertpublikum drängt. Das Orchester schmettert Festfanfaren, Triumphlieder oder Tänze in die Nacht. Festgewänder schleppen schimmernd dahin, Blicke kreuzen sich; Müßiggänger, müde vom Nichtstun, bummeln und wiegen sich und genießen beiläufig die Melodien. Hier gibt es nur Reiche, Glückliche; nichts, was nicht Sorglosigkeit und Lebenslust atmet; nichts – außer dem Anblick jenes Haufens, der sich auf den äußersten Rand der

Barriere gestützt hat und mit dem Hauch des Windes umsonst einen Fetzen Musik erhascht, die knisternde sternfunkelnde Glut da drinnen anstarrend.

Es ist etwas Besonderes um diesen Widerschein der Freuden des Reichtums im Auge des Armen. Aber heute bemerkte ich inmitten des Volks voll Kittel und Kattun ein Wesen der besonderen Art, dessen Adel sich vom Pöbel der Umgebung in scharfem Kontrast abhob.

Eine große majestätische Frau, so vornehm in ihrer Haltung, dass ich mich nicht erinnern konnte, in den Sammlungen aristokratischer Schönheiten aus der Vergangenheit je ihresgleichen gesehen zu haben. Ihr bleiches, schlankes Gesicht stimmte vollkommen mit der tiefen Trauer überein, in die sie gekleidet war. Wie das Volk, unter das sie sich gemischt hatte und das sie nicht sah, betrachtete sie die strahlende Welt mit einem tiefen abgründigen Blick, und auch sie lauschte, indem sie leis den Kopf bewegte.

Einzigartige Erscheinung! »Gewiss«, sprach ich zu mir, »darf diese Armut, wenn es denn Armut ist, doch keine schmutzige Knauserei zulassen; ein so vornehmes Äußeres überzeugt mich davon. Warum also bleibt sie freiwillig in einer Umgebung, von der sie sich so augenscheinlich abhebt?«

Als ich neugierig an ihr vorüberging, glaubte ich, den Grund zu erraten. Die hohe Gestalt hielt ein Kind an der Hand, ganz in Schwarz, wie sie selbst; so mäßig der Eintrittspreis auch war, dieser Preis genügte vielleicht, um etwas Notwendiges für das kleine Wesen zu kaufen, besser wohl noch, um ihm eine kleine Freude zu machen und ein Spielzeug zu erstehen.

Und sie wird wieder gehen, zu Fuß, nachdenklich in sich gekehrt und allein; denn das Kind ist lebhaft und egoistisch, ohne Nachsicht, ohne Geduld, und kann wie ein Tier – ob Hund oder Katze – nicht Vertrauter einsamen Kummers sein.

XIV.

DER ALTE BAJAZZO

Le Vieux Saltimbanque

Das Volk ist an Feiertagen überall. Überall steckt es, überall amüsiert es sich. Auf so einen Festtag lauern schon lange die Zauberkünstler, Seiltänzer, Budenbesitzer, Schausteller, das ganze fahrende Volk, um die schlechten Zeiten des Jahres wieder wettzumachen.

An solchen Tagen vergisst das Volk – zumindest scheint es so – Kummer und Sorgen und wird wieder Kind. Für die kleinen Kinder ist es ohnehin ein Feiertag, ein ganzer langer Tag ohne den Schrecken der Schule. Für die Erwachsenen ist es ein kurzer Waffenstillstand, geschlossen mit den bösen Mächten des Lebens, eine Galgenfrist im ewigen Kampf ums Dasein.

Sogar der Weltmann und der Geistesarbeiter können sich diesem allgemeinen Jubel nicht ganz entziehen. Sie lassen sich unwillkürlich von der Sorglosigkeit anstecken. Als echter Pariser schreite selbst ich an solchen Tagen die Buden und Zelte ab, die sich bei diesen Festanlässen überall breitmachen.

Sie machen sich echt furchtbare Konkurrenz: alles kreischt, brüllt und heult. Ein Durcheinander von Gejauchze, Getrommel und Geknalle. Die verwitterten und verbrannten Gesichter der Clowns und Dummen Auguste erglühen im Glanz der Raketen, sie feuern in erfolgsverwöhnter Weise ihre erprobten Scherz- & Witzworte von solider, schwerfälliger Komik à la Molière in die Menge. Die Herkulesse werfen sich voll Stolz auf ihren gewaltigen Körperbau majestätisch in die Brust, lassen ihre Muskeln unter den frisch gewaschenen Trikots spielen. Tänzerinnen, schön wie Feen und Prinzessinnen, springen und pirouettieren unter dem Lichte der Laternen, das ihre Gewänder mit Sternen übersät.

Alles war Licht, Gedränge, Geschrei, Lärm und Freude; die einen bezahlten, die anderen verdienten, beide waren gleich froh dabei. Kinder klammern sich an den Rock ihrer Mutter, um eine Zuckerstange zu bekommen, oder klettern auf die Schulter ihres Vaters, um einen Taschenspieler, blendend wie ein Gott, besser sehen zu können. Und über dem dampfte, andere Gerüche beherrschend, der Duft von Schmalzgebäck, der Weihrauch der Volksfeste.

Am Ende, am äußersten Ende der Zeltreihe, als ob er sich selbst voll Scham aus all dem Glanz verbannen wollte, erblicke ich einen armen Hanswurst, krumm, hinfällig, altersschwach, eine Ruine von einem Menschen, gegen einen Pfosten seiner armseligen Bretterbude gelehnt, eine Hütte, so elend, wie die der primitivsten Wilden: zwei tropfende, qualmende Kerzenstummel beleuchteten die Dürftigkeit noch greller.

Überall Fröhlichkeit, Umsatz, Lustbarkeit; überall die Sicherheit, Brot für den kommenden Tag zu haben; überall der überschäumende Ausbruch der Lebenskraft. Hier das unumschränkte, das blanke Elend, das sich, um den erschütternden Anblick noch zu verstärken, in bunte Lumpen gehüllt hat und einen Kontrast erweckt, der mehr durch die Not denn durch die Kunst herbeigeführt wird. Er lacht nicht, er weint nicht, er tanzt nicht; er singt weder fröhliche noch traurige Lieder, er klagt nicht, er bettelt nicht. Er steht stumm und unbeweglich da. Er hat verzichtet, er hat abgerechnet. Sein Leben ist besiegelt.

Aber welch tiefen, unvergesslichen Blick er über die Lichter und die Menge gleiten lässt, deren wogender Strom sich wenige Schritte vor der Ärmlichkeit seiner Behausung staut! Ich fühle, wie meine Kehle von der schrecklichen Faust der Hysterie umklammert wird, und meine Blicke werden verdunkelt von widerspenstigen Tränen, die nicht fallen wollen.

Was tun? Den Unglücklichen fragen, welche Merkwürdigkeiten, welch Wunderbares er in der übelriechenden Finsternis hinter seinem zerfetzten Vorhang zu zeigen hat? Wahrhaftig, ich wage es nicht; und sollte der Grund meiner Furchtsamkeit auch jemandem ein Grinsen abnötigen –:

ich fürchtete, ihn zu demütigen. Endlich hatte ich mich entschlossen, im Vorübergehen etwas Geld auf eine der Planken zu legen – in der Hoffnung, dass er meine Absicht erraten werde –, als mich eine große hinunterschiebende Welle der Menschenmenge mit sich fortriss.

Als ich, von diesem Anblick verfolgt, wieder umkehrte, suchte ich meinen plötzlichen Schmerz zu analysieren und sagte mir: Ich sah dort eben einen alten Schriftsteller, der seine Mitwelt, deren gefeierter Held er einst war, überlebt hat; einen alten Dichter, ohne Freunde, ohne Familie, ohne Kinder, ins Elend gekommen durch die Undankbarkeit der Menge, in einer Hütte, die eine vergessliche Welt nicht betreten will.

XV.

DER KUCHEN
La Gâteau

Ich reiste. Das Land, in dem ich mich aufhielt, war von einer Größe und Noblesse, der man sich nicht entziehen konnte. Sicher floss etwas von diesem Augenblick in meine Seele über. Meine Gedanken wanderten mit der Leichtigkeit der Luft; alle niedrigen Süchte wie Hass oder Lüsternheit schienen mir hier so entlegen wie das Regengewölk, das tief zu meinen Füßen im Abgrund vorüberzog. Meine Seele schien mir so weit und klar wie die Himmelskugel, die mich umhüllte; und Erinnerungen an irdische Dinge klopften nur leise, schwach, unmerkbar fast, wie das Glockenspiel der Herden, die weit, tief am Abhang eines anderen Berges vorüberzogen. Über den kleinen unbewegten, vor unendlicher Tiefe schwarz schimmernden See glitt bisweilen ein Wolkenschatten: der Widerschein vom Mantel eines Riesen, der in den Himmel fliegt. Und ich erinnere mich, dass dieser seltene, feierliche, durch eine große lautlose Bewegung hervorgerufene Eindruck mich mit einer Freude erfüllte, in die sich doch ein leises Zagen mischte. Kurz, ich fühlte mich, dank der berückenden Schönheit, die mich umgab, in einem erfüllten Frieden mit mir und der Welt; in meinem vollkommenen Glück, und also ganz unberührt von allem irdischen Ungemach, erschienen mir selbst jene Bücher nicht mehr ganz so lächerlich, die da behaupten, der Mensch werde als *guter Mensch* geboren. – Als dann des Körpers unabweisbare Forderungen sich wieder erneuerten, dachte ich daran, der Mattheit zu begegnen und meinen Appetit, den der hohe Aufstieg rege gemacht, zu befriedigen. Ich zog aus meiner Tasche ein großes Stück Brot, eine kupferne Tasse und ein Fläschchen mit einer besonderen Flüssigkeit, die Apotheker den Touristen verkauften, damit diese das Schneewasser damit würzen konnten.

Behaglich schnitt ich mir eine Scheibe vom Brot, als ein leises Geräusch mich die Augen weiter öffnen ließ. Vor mir stand ein kleines schwarzes, zerlumptes Geschöpf mit zerzausten Haaren; seine hohlen Augen schienen in heißem Verlangen das Stück Brot zu verschlingen. Und ich hörte, rau ausgestoßen, nur ein Wort: *Kuchen!* Und musste unwillkürlich lachen, als ich vernahm, mit welchem Wort er mein fast weißes Brot beehrte; ich schnitt ein schönes Stück davon ab und hielt es ihm hin. Langsam kam der Troll näher, ohne dabei den Gegenstand seines Begehrens auch nur einen Augenblick aus den Augen zu lassen; blitzartig packte er das Stück und raste damit davon, wohl von Angst getrieben, mein Angebot könne nicht echt gemeint sein und werde von mir bereits bitter bereut.

Im gleichen Augenblick überrannte ihn ein anderer kleiner Wildfang, der unvermutet aus dem Nichts auftauchte und dem ersten so vollkommen glich, dass man beide für Zwillingsbrüder halten konnte. Sie wälzten sich, um die kostbare Beute raufend, auf dem Boden, wobei keiner dem Bruder auch nur das Stück einer Hälfte opfern wollte. Der erste packte den zweiten erbittert bei den Haaren, während dieser dessen Ohr zwischen die Zähne nahm und unter Bauernflüchen ein blutiges Stück davon ausspuckte. Darauf suchte der rechtmäßige Eigentümer des Kuchenstücks, seine Krallen in die Augen des Usurpators zu bohren. Dieser würgte mit einer Hand seinen Gegner, um mit der anderen den Kampfpreis in seiner Tasche zu sichern. Von Verzweiflung neu belebt, drehte der Überwundene sich um und streckte den Sieger durch einen Kopfstoß in den Magen zu Boden.

Wozu einen so hässlichen Kampf weiter beschreiben? Er dauerte länger, als man nach den kindlichen Kräften erwarten sollte. Der Kuchen wanderte von Hand zu Hand und wechselte jedes Mal dabei die Tasche –, und, ach, er änderte auch seinen Umfang. Und als sie endlich erschöpft, keuchend und blutend innehielten, unfähig, weiter zu kämpfen, da gab es keinen Kampfgrund mehr. Das Stück Brot lag zerbröselt im Sand, und war mit diesem einen innigen Verband eingegangen.

Während des Schauspiels hatte sich die Landschaft verdunkelt, die stille, mit ganzer Seele genossene Freude war dahin. Geblieben war nur die Traurigkeit: »So gibt es denn ein wunderschönes Land, wo man das Brot Kuchen nennt, und ein so rarer Genuss ist, dass es einen Bruderkrieg auslöst.«

XVI.

DIE UHR
L' Horloge

Die Chinesen lesen die Zeit aus den Augen der Katzen.

Eines Tages merkte ein Missionar, der im Umland Nankings spazieren ging, dass er seine Uhr vergessen hatte, und fragte einen Jungen, wie spät es sei.

Der Gassenjunge aus dem Reich des Himmels zögerte, dachte nach und antwortete: »Ich kann es Ihnen gleich sagen.« Wenig später kam er mit einer großen Katze im Arm zurück, und nachdem er ins Weiße ihres Auges geblickt hatte, versicherte er ohne zu zögern: »Es ist noch nicht ganz Mittag.« Was richtig war.

Wenn ich mich über meine schöne Féline beuge, der Verkörperung ihres Namens, der Zierde ihres Geschlechtes, der Stolz meines Herzens und der Duft meines Geistes, dann sehe ich, in finsterer Nacht wie am helllichten Tag, im tiefen Grund ihrer angebeteten Augen, immer deutlich diese Stunde, eine weite, feierliche Stunde, groß wie der Weltraum, ganz ohne Minuten- und Sekundenzeiger, eine unendliche Stunde, leicht wie ein Atemzug und flüchtig wie ein Wimpernschlag.

Und würde ein Rüpel mich stören, während mein Blick in diesem reizenden Ziffernblatt ruht, würde ein böser, lästiger Geist, ein Dämon der Unzeit mir sagen: »Was glotzt du da so lange? Was suchst du in den Augen dieses Tieres? Was vergeudest du da deine Zeit, müßiger Schlendrian?« –, dann würd ich ohne zu zögern erwidern: »Ja, ich lese die Stunde: Sie ist die Ewigkeit!«

Nicht wahr, Madame, das ist doch mal wirklich ein richtiges Madrigal, so teuer wie Sie selbst? Es hat mir große Freude bereitet, diese anspruchsvolle Galanterie für Sie in Worte zu fassen, dass ich mir erlaube, dafür keinerlei Honorar von Ihnen zu verlangen.

XVII.

EINE WELT IN DEINEM HAAR

Un hémisphère dans une chevelure

Lass mich lange, lange den Duft deiner Haare atmen, mein Gesicht ganz darin verbergen, so wie ein Durstiger ins Wasser einer Quelle taucht, und meine Hand wie ein duftendes Tuch bewegen, um Erinnerungen in die Luft zu schütteln.

Wenn du wüsstest, was ich alles sehe, was ich fühle, was ich aus deinem Haar höre! Meine Seele wandert mit dem Duft, wie andere mit der Musik.

In deinen Haaren lebt ein Traum, voller Segel und Masten. Darin die weiten Meere, wo der Monsun mich an ferne sanfte Gestade führt, wo die Himmel tiefer blau sind und die Luft geschwängert ist vom Duft der Früchte, der Blätter und der Haut der Menschen.

Im Ozean deiner Haare erblicke ich einen Hafen, erfüllt von schwermütigen Liedern, von kraftvollen Männern aller Nationen, von Schiffen aller Formen, deren reiche, kostbare Bauten ihre Konturen in einen endlosen Himmel zeichnen, wo ewige Hitze sich wohlig brüstet.

Im Ozean deiner Haare finde ich noch einmal die süße Sehnsucht langer Stunden auf dem Diwan in der Kajüte eines schönen Schiffes, gewiegt von der unmerklichen Dünung des Hafens, zwischen Blumentöpfen und Weinkrügen.

Aus der heißen Glut deiner Haare atme ich den Duft von Tabak, Opium und Zucker; in der Nacht deiner Haare seh ich die Unendlichkeit des tropischen Firmaments erstrahlen; an den flammenden Küsten deiner Haare berausche ich mich an den vereinten Düften von Teer, Moschus und Kokosöl.

Lass mich in deine schweren schwarzen Flechten beißen, aus deinen rebellischen duftigen Haaren will ich meine Erinnerungen schlürfen.

XVIII.

AUFFORDERUNG ZUR REISE

L' Invitation au voyage

Es gibt ein wundervolles Land, ein Schlaraffenland heißt es, von dem ich träume, es mit einer alten Freundin zu besuchen. Ein seltsames Land, getaucht in die Nebel unseres Nordens, dass man es den Orient des Okzidents, das China Europas nennen könnte: so sehr hat die kapriziöse Phantasie dort ihre Zügel schießen lassen, so sehr hat sie es geduldig und hartnäckig mit ihrer weisen und zarten Vegetation ausgezeichnet.

Ein wahres Schlaraffenland, wo alles schön, reich, ruhig und ehrlich ist; wo es dem Luxus gefällt, sich in der Ordnung zu spiegeln; wo sich das Leben süß und üppig atmen lässt. Dort, wo alles friedlich lacht: Lust und Heiterkeit und Pracht; wo es keine Unordnung, Unruhe und böse Überraschungen gibt; wo sich das Glück mit dem Schweigen vermählt; wo selbst die Kochkunst voller Poesie ist, üppig und erregend zugleich, wo alles dir, mein Engel, gleicht.

Du kennst dies Fieber, das uns im frostigen Elend ergreift, dies Fernweh nach dem Unbekannten, die Qual der Sehnsucht nach dem Neuen? Ein Land, das uns gleicht, dort, wo alles friedlich lacht: Lust und Heiterkeit und Pracht, wo die Phantasie ein westliches China erbaut und geschmückt hat, wo sich das Leben süß und üppig atmen lässt, wo sich das Glück mit dem Schweigen vermählt. Dorthin muss man leben gehn, dorthin muss man sterben gehn, um die Stunden der wahren Empfindung in die Unendlichkeit hinauszuspinnen.

Ja, dort muss man atmen, träumen und die Stunde durch die Unendlichkeit der Gefühle verlängern. Ein Komponist hat die *Aufforderung zum Tanz* geschrieben; wer wird die *Aufforderung zur Reise* komponieren, die man der geliebten Frau, der Schwester seiner Wahl schenken kann?

Auf leuchtenden Paneelen oder vergoldeten Ledertapeten leben Gemälde geheimnisvoll und reich an düstrer Pracht –, heilig, tief und verschwiegen wie die Seelen der Künstler, die sie schufen. Die Strahlen der untergehenden Sonne, die den Speisesaal oder den Salon so kostbar tönen, fluten durch prächtige Stoffe oder hohe Fenster, reich ausgearbeitet, von Bleigeäder in zahllose Felder geteilt. Die Möbel sind groß, seltsam wunderlich; sie starren von Schlössern und Geheimnissen – wie eine verfeinerte Menschenseele. Spiegel und Metalle, Stoffe, Fayencen und die Arbeiten der Goldschmiedekunst spielen den Augen eine geheime, lautlose Symphonie; und von allen Sachen, aus allen Winkeln, aus den Spalten der Schubladen und den Falten der Stoffe strömt ein wunderbarer Duft, gleichsam ein Lockruf fern aus Sumatra, der diese Räume zu beseelen scheint.

Ein wahres Schlaraffenland nannte ich es, wo alles friedlich lacht: Lust und Heiterkeit und Pracht; wo alles reich und leuchtend rein ist wie ein gutes Gewissen, wie blankgeputztes Küchengeschirr, wie herrliche Silberarbeiten, wie bunt glitzernde Juwelen. Die Schätze der Welt werden dort angeschwemmt, wie in dem Hause eines fleißigen Mannes, der auf der ganzen Erde gut verdient hat. Denkwürdiges Land, den anderen überlegen, wo die Kunst die Natur beherrscht. Wo diese durch den Traum erneuert, verfeinert, verschönert und eingeschmolzen wird.

Sollen sie suchen, immer weitersuchen und die Grenzen des Glücks in die Ferne schieben, unaufhörlich die Grenzen ihrer Erfolge weiterschieben, diese Alchimisten der Gartenkultur! Mögen sie noch Preise von sechzig- und von hunderttausend Gulden für den aussetzen, der ihre ehrgeizigen Probleme lösen wird! *Ich* habe meine *schwarze Tulpe* und meine *blaue Dahlie* gefunden!

Du unvergleichliche Blume, wiedererstandene Tulpe, allegorische Dahlie, so sag doch, hier in diesem schönen Land, lohnt sichs zu leben und zu blühen? Würde nicht deine Analogie dich hier umgeben, und könntest du, um mit den Mystikern zu sprechen, dich nicht in deiner *Entsprechung* spiegeln?

Träume, immer wieder nur Träume! Und je feinfühliger und feuriger ein Geist ist, desto weiter schweifen sie über das Mögliche hinaus. Jeder Mensch trägt seine eigene Dosis natürlichen Opiums in sich, die sich ewig verbraucht und erneuert. Und wie viele Stunden zählen wir von der Geburt bis zum Tode, die erfüllt sind von wirklicher Freude, von geglückten und entschiedenen Taten? Werden wir jemals in diesem Bilde leben, jemals in diesem Bilde reisen, das dir gleicht?

Diese Schätze, diese Möbel, dieser Luxus, diese Ordnung, dieser Duft, diese wundervollen Blumen: das bist du. Und nochmal du: diese großen Ströme und die stillen Kanäle. Diese ungeheuren Schiffe, befrachtet mit Reichtümern, von denen der monotone Rudertakt herüberklingt: das sind meine Gedanken, die auf deinen Brüsten schlafen und wogen. Sacht und sanft leitest du sie in das Meer der Unendlichkeit und spiegelst dazu die Tiefen des Himmels tief in der Klarheit deiner schönen Seele wieder; und wenn, ermüdet von der steten Brandung und übervoll der Dinge des Morgenlandes, die Schiffe in den Heimathafen einlaufen, so sind es wieder meine Gedanken, die bereichert aus der Unendlichkeit zu dir heimkehren.

XIX.

DAS SPIELZEUG DES ARMEN

Le Joujou du pauvre

Ich will Ihnen von einem unschuldigen Vergnügen erzählen. Es gibt so wenige unschuldige Vergnügungen.

Wenn Sie am Morgen über die Landstraße spazieren wollen, so füllen Sie Ihre Tasche mit kleinen billigen Spielsachen – zum Beispiel einem Hampelmann, den man mit einer Schnur zum Tanzen bringt, einem Schmied, der seinen Amboss behämmert, einem Reiter samt Ross, dessen Schwanz eine Pfeife ist; längs der Hütten am Fuße der Bäume schenken Sie dies den unbekannten armen Kindern, die sie dort reichlich antreffen. Sie werden staunen, wie sich die Augen weiten, wie sie zuerst nicht zuzugreifen wagen; sie können ihrem Glück nicht trauen. Dann packen sie gierig zu und fliehen wie Katzen, die sich erst an den Bissen trauen, wenn sie weit genug von Ihnen weg sind. Sie haben gelernt, den Menschen zu misstrauen.

Hinter dem Gitter eines großen Parks, an dessen Ende ein hübsches, von der Sonne beschienenes Schloss aufleuchtete, stand ein schönes, frisches Kind in betont ländlicher Tracht, die so kokett wirkt.

Der Luxus, die Sorglosigkeit und der gewohnte Anblick des Reichtums machen diese Kinder so hübsch, dass man meinen könnte, sie wären aus anderem Stoff gebildet als die Kinder der Dürftigkeit und Armut.

Neben ihm lag auf dem Rasen ein glänzendes Spielzeug, ebenso frisch wie sein Herr, glitzernd, vergoldet, mit einem Purpurgewande angetan und bedeckt mit Federn und Schmuck aus Glas. Aber das Kind kümmerte sich nicht um sein Lieblingsspielzeug, sondern betrachtete dies: Auf der anderen Seite des Gitters, auf der Landstraße, zwischen Disteln und Brennnesseln, stand ein anderes Kind: schmutzig, schmächtig, rußig, eines dieser Paria-Schmuddelkinder, deren

Schönheit ein unparteiisches Auge gleich entdeckt, wie das Auge eines Kunstkenners ein Kunstwerk unter einer Schicht von Wagenlack erkennt und es von der Patina des Elends reinigt.

Durch diese symbolischen Gitterstäbe, die zwei Welten trennten, zeigte das arme Kind dem reichen Kind sein Spielzeug, das jenes begierig betrachtete, wie einen seltenen, unbekannten Gegenstand. Das Spielzeug, das der kleine Schmutzfink neckte, war eine lebendige Ratte! Die Eltern hatten, aus Sparsamkeit, das Spielzeug dem Leben selbst entnommen.

Die beiden Kinder lachten sich brüderlich an, mit Zähnen von *gleicher* Weiße.

XX.

DIE GABEN DER FEEN

Les Dons des Fées

Alle Feen hatten sich versammelt, um die Gaben an jene zu verteilen, die in den letzten vierundzwanzig Stunden zur Welt gekommen waren.

Diese antiken und kapriziösen Schwestern des Geschicks, all diese bizarren Mütter der Freude und des Schmerzes sind sehr verschiedenartig: die einen sehen mürrisch und düster drein, die anderen freundlich und lustig. Die jungen sind immer jung, die alten immer alt gewesen.

Alle Väter, die den Feen vertrauten, waren gekommen, jeder mit seinem Neugeborenen im Arm.

Neben dem Tribunal lagen Begabung, Vermögen, Glück, unveränderbare Fügungen, aufgestapelt wie Preise bei einer Preisverleihung. Nur dass die Gaben keine Belohnung für besondere Anstrengung bedeuteten, sondern, ganz im Gegenteil, eine Gnade, die dem erteilt wurde, der noch gar nicht gelebt hatte, eine Gabe, die sein Schicksal zum Glück oder zum Unglück wenden konnte.

Die armen Feen waren sehr beschäftigt; die Menge der Bittsteller war groß, denn auch die Mittelerde – zwischen Göttern und Menschen – unterliegt wie wir der Schreckensherrschaft der Zeit mit ihrem endlosen Gefolge von Tagen, Stunden, Minuten, Sekunden.

Die Feen waren so kopflos wie Politiker an einem Audienztag oder Angestellte an einem Tag der offenen Tür. Wahrscheinlich sahen sie mit ebenso viel Ungeduld den Stundenzeiger kaum mehr rücken wie die Richter, die seit dem frühen Morgen Sitzung hielten und vom Mittagsmahl, der Familie oder den geliebten Pantoffeln träumten.

Wenn sogar in der übernatürlichen Justiz Überhastung und Zufälle mitspielen, so darf es uns nicht erstaunen, dass es in der menschlichen Rechtspflege zuweilen ebenso zugeht.

Dann wären wir selbst ungerechte Richter.

So gab es auch hier einige Pannen, die man hätte bizarr nennen können, wenn statt der Laune die Weisheit der Unterscheidung der ewige Charakter der Feen wäre. So wurde die Macht, magnetisch Geld anzuziehen, dem einzigen Erben einer sehr reichen Familie zugesprochen, der sich später, da er mit keinem Sinn für Wohltätigkeit und ebenso wenig mit irgendeiner Begehrlichkeit für die sichtbaren Güter dieser Welt begabt war, in äußerster Verlegenheit befinden musste, was er mit seinen Millionen anfangen sollte.

So wurde die Liebe zur Schönheit und die poetische Kraft dem Sohn eines finsteren Kerls, Steinbrecher von Beruf, verliehen, der in keiner Weise die Fähigkeiten seiner bejammernswerten Brut unterstützen noch ihre Bedürfnisse erleichtern konnte.

Ich habe vergessen mitzuteilen, dass es für keinen bei der Verteilung in solch feierlichem Rahmen eine Berufung gibt und kein Geschenk darf zurückgewiesen werden.

Alle Feen standen auf in der Meinung, der langweilige geschäftliche Teil sei beendet; denn es waren keine Geschenke mehr da, keine Gabe, die man in all dieses menschliche Gewusel hätte werfen können, als ein tapferer Mann – ein kleiner Händler, glaube ich – aufstand, die Fee, die ihm am nächsten saß bei ihrem Kleid aus bunter Wolkenseide packte und rief:

»He, Madame, haben Sie uns vergessen? Mein Junge hier ist auch noch da. Ich will nicht umsonst hergekommen sein.«

Die Fee hätte verlegen sein können; denn es war nichts mehr da. Doch ihr kam wieder ein Gesetz in den Sinn, das – wenn auch selten – so doch in der übernatürlichen Welt bekannt ist, dieser Welt, die von den unsichtbaren Gottheiten und Freundinnen der Menschheit bewohnt wird, die oft gezwungen sind, sich deren Leidenschaften anzupassen, den Feen, Gnomen, Salamandern, Sylphiden, den Sylphen, den Nixen, den Undinen, Wassermännern und Brunnengöttern –

ich meine jenes Gesetz, das es den Feen in Fällen wie diesen erlaubt, noch eine außerordentliche Gabe zu verleihen.

Also antwortete die Fee mit einer ihres Ranges würdigen Geistesgegenwart: »Ich schenke deinem Sohn ... ich schenke ihm: die *Gabe zu gefallen!*«

»Gefallen, wie denn? Gefallen! Gefallen, warum?«, fragte der kleine Händler hartnäckig, der zweifellos zu den Kritikern gehört, die unfähig sind, sich zur Logik des Absurden zu steigern.

»Darum! Darum!« antwortete die Fee schwer verärgert, drehte ihm den Rücken zu und trat zu ihrer Feen-Schwesternschar: »Wie findet ihr diesen eitlen kleinen Franzosen, der alles verstehen will und der, wenn er für seinen Sohn die beste aller Gaben bekommt, es noch wagt, über das Indiskutable zu diskutieren und zu reden und zu reden? Worüber man nicht sprechen kann, davon muss man schweigen.«

XXI.

DIE VERSUCHUNGEN oder EROS, PLUTO UND GLORIA

Les Tentations, ou Éros, Plutus et la Gloire

In der letzten Nacht stiegen zwei herrliche Satanasse und eine nicht weniger außergewöhnliche Teufelin die geheimnisvolle Treppe herauf, über welche die Hölle den Menschen im Schlaf angreift und heimlich mit ihm verkehrt. Sie bauten sich theatralisch vor mir auf, als stünden sie auf der Bühne. Phosphorglanz strahlte von diesen drei Gestalten aus, die sich so von der Dunkelheit der Nacht abhoben. Sie hatten einen Ausdruck, so stolz und voller Hoheit, dass ich sie zuerst für wirkliche Gottheiten hielt.

Das Gesicht des ersten Satans war zweigeschlechtlich, auch in den Körperlinien hatte er die Weichheit der alten Bacchusbilder. Seine schönen und schmachtenden Augen von verschwommener und ungewisser Farbe glichen Veilchen, in denen noch die schweren Regentropfen des Gewitters hängen und seine halboffenen Lippen glichen heißen Räucherpfannen, aus denen ein guter Geruch von Räucherwerk wallte; und bei jedem Atemzug leuchteten bisamduftende Insekten auf und schwirrten in der Wärme seines Hauchs.

Um seine Purpurtunika rollte sich als Gürtel eine schillernde Schlange, die erhobenen Hauptes und mit glühenden Augen voller Hingabe zu ihm emporsah. An diesem lebendigen Gürtel hingen Phiolen voll finsterer Flüssigkeiten, blitzende Messer, Skalpelle und andere chirurgische Instrumente. In seiner rechten Hand hielt er eine andere Phiole, deren Inhalt von leuchtendem Rot erfüllt war; und auf dem Etikett waren die denkwürdigen Worte geschrieben: »Trinkt, dies ist mein Blut, das für euch vergossen wird. Trinkt es zu meinem Gedächtnis.« In der Linken trug er eine Geige, die ihm zweifelsohne dazu diente, seine Freuden und Schmerzen zum

Klingen zu bringen und die ansteckende Tollheit der Hexensabbatnächte zu verbreiten.

Seine zarten Fußknöchel schleppten einige Ringe einer zerrissenen Goldkette, und wenn er, von ihnen behindert, die Augen zu Boden schlagen musste, betrachtete er eitel seine Fußnägel, die wie gut gearbeitete Steine leuchteten und blitzten.

Er sah mich mit seinen untröstlich traurigen Augen an, aus denen eine verfängliche Trunkenheit rann, und sprach zu mir mit singender Stimme: »Wenn du es willst, wenn du es willst, werde ich dich zum Herrn über die Seelen machen, und ich werde dich zum Meister über die lebendige Materie erheben, mehr noch, als es der Bildhauer über den Ton sein kann; und du wirst ohne Unterlass sich erneuernde Freude erfahren, aus dir selbst zu fliehen, um dich in anderen zu vergessen und wirst die anderen Seelen bis zur Verschmelzung mit deiner eigenen anziehen.«

Ich erwiderte ihm: »Vielen Dank! Ich kann nichts mit diesem Ballast von menschlichen Wesen anfangen, die wahrscheinlich auch nicht besser sind als mein armes Ich. Obschon ich mich mancher Erinnerung schäme, will ich nichts vergessen; und wenn ich auch, altes Ungeheuer, dein geheimnisvolles Messerbesteck, deine zweideutigen Phiolen nicht kennenlernen werde, so beweisen doch die Ketten, die sich um deine Füße schlingen, deutlich genug, als Symbole, die Nachteile deiner Freundschaft. Behalte deine Geschenke für dich.«

Der zweite Satan hatte weder diese so weich lächelnde und träumerische Miene, noch diese schönen, einschmeichelnden Gebärden, noch diese zarte und duftige Schönheit. Er war ein starker Mann mit dickem, augenlosem Gesicht, seine wuchtige Wampe fiel über die Schenkel und seine ganze Haut war, wie tätowiert, bedeckt mit einer Menge kleiner beweglicher, vergoldeter, verzierter Figuren, die die Gestalten des menschlichen Elends darstellten. Da waren kleine verschrumpelte

Männer, die sich freiwillig an einem Nagel aufknüpften; da waren kleine verwachsene, dürre Gnomen, deren flehende Augen noch besser bettelten als ihre zitternden Hände. Und dann alte Mütter, deren Missgeburten sich an ihre ausgemergelten Brüsten krallten. Und noch viel mehr.

Der dicke Satan schlug mit seiner Faust auf seinen ungeheuren Bauch, aus dem ein langes, widerhallendes, metallisches Klirren ertönte, das in ein vages Stönen aus vielen Stimmen mündete. Und er lachte, wobei er schamlos seine kariösen Zähne zeigte, mit dem törichten Lachen gewisser Menschen aller Länder, wenn sie zu gut gegessen haben.

Und er sprach zu mir: »Ich kann dir das geben, was alles erreichbar macht, alles gilt, alles ersetzt!« Und wieder schlug er auf seinen ungeheuren Bauch, dessen dumpfes Echo seine Worte kommentierte.

Schaudernd wandte ich mich ab mit der Antwort: »Ich brauche zu meiner Freude keines Menschen Elend, und ich will auch keinen Reichtum, der aus dem Unglück aller besteht, wie es als grundierender Anstrich auf deine Haut gemalt ist.«

Was nun die Teufelin betrifft, so müsste ich lügen, gestünde ich nicht, dass ich beim ersten Anblick an ihr einen merkwürdigen Charme fand. Um diesen Charme zu beschreiben, fällt mir nichts Besseres ein, als ihn mit einer wunderschönen, gerade zurückkehrenden Frau zu vergleichen, die nicht mehr altert und deren Schönheit, einer Ruine gleich, eine durchdringende Magie behält. Sie sah zugleich herrisch und nachlässig aus, mit niedergeschlagenen Augen von faszinierender Kraft. Was mich am meisten traf, war das Geheimnis ihrer Stimme, in der ich die Erinnerung an die zauberhaftesten Alti und ein wenig jene Heiserkeit der ständig vom Brandy umspülten Kehle wiederfand.

»Willst du meine Macht kennenlernen«, sprach sie mit ihrer reizenden und paradoxen Stimme, »so höre.«

Dabei setzte sie eine ungeheure Trompete an ihre Lippen, die wie ein Kopfputz mit Bändern behängt war, auf denen die Titel aller Zeitungen dieser Erde geschrieben standen, und schrie durch diese Trompete meinen Namen in die Welt mit der Gewalt vom Rollen hundertausender Donnerschäge, die als Echo vom fernsten Planeten widerhallten.

»Teufel«, sagte ich. »Das ist echt der Hammer!« Schon halb bezwungen betrachtete ich die verführerische Amazone näher und fand, dass sie schon durch zu viele Hände gegangen war, und sprach mit aller Kraft, die mir zu Gebote stand: »Hebe dich hinweg, ich will nicht das letzte Glied einer Kette sein, die durch viele Hände der Lüsternen gegangen ist und standhaft immer wieder aufersteht.«

Gewiss, ich war zu Recht stolz auf meine mutige Abweisung. Unglücklicherweise erwachte ich und meine ganze Kraft verließ mich. Ich muss sehr fest geschlafen haben, um solche Bedenken vorzubringen. Wenn sie wiederkommen könnte, während ich wach bin, ich würde nicht noch einmal den Empfindlichen spielen.

Ich beschwor sie mit lauter Stimme, flehte sie an, mir zu verzeihen, und versprach, mich so oft zu entehren, wie es nötig wäre, um ihre Gunst zu verdienen. Ich hatte sie wohl zu sehr beleidigt, denn sie ist mir niemals wieder erschienen.

XXII.

DIE ABENDDÄMMERUNG

Le Crépuscule du soir

Der Tag geht. Ein großes Ausruhen breitet sich über die armen, tagwerkmüden Gehirne; und ihre Gedanken nehmen jetzt die zarten, verschwommenen Farben der Dämmerung an.

Doch von dem Berggipfel herüber zu meinem Balkon, durch den nackten, durchsichtigen Glanz des Abends, kommt ein Geheul, ein durchdringendes Geschrei, das, von der Ferne umgestimmt zu einer traurigen Harmonie, dem Schwellen der Flut oder dem Tosen eines nahenden Sturmes gleicht.

Wer sind die Unglücklichen, denen der Abend keine Ruhe bringt und die, den Eulen gleich, das Kommen der Nacht als Zeichen für einen Hexensabbath nehmen? Dieses unheimliche Geschrei kommt von jenem düsteren Hospiz, das auf dem Berge ragt: Und wenn ich abends rauchend die Ruhe des ungeheuren häuserbedeckten Tales betrachte, deren Fenster sagen: »Hier herrscht jetzt der Friede; hier wohnt das Familienglück!«–, dann kann ich, wenn der Wind von dort herüberweht, meine erstaunten Gedanken nach diesem Spiel der Höllenharmonien wiegen.

Die Dämmerung erregt die Irren. Ich erinnere mich zweier Freunde, die die Dämmerung ganz krank machte. Der eine missachtete dann alle Formen der Freundschaft und Höflichkeit und behandelte den Erstbesten, der ihm in den Weg kam, wie ein Wilder. Ich sah einmal, wie er dem Hotelwirt einen ausgezeichneten Hühnerbraten an den Kopf warf, weil er darin, ich weiß nicht welche, beleidigende Hieroglyphe gefunden haben wollte. Der Abend, der Vorbote tiefster Lüste, verleidete ihm die köstlichsten Dinge.

Der andere, ein gekränkter Streber, wurde im gleichen Maße, wie der Tag verging, verdrießlicher, düsterer, zänkischer. Nachsichtig und umgänglich bei Tage, wurde er abends mitleidlos; und das nicht allein gegen andere: auch gegen sich selbst wütete seine abendliche Manie.

Der erste starb im Wahnsinn, gänzlich unfähig, Frau und Kinder noch zu erkennen; der zweite trug die Unrast einer unheilbaren Krankheit in sich; und wäre er mit allen Ehren bedacht, die Republiken und Fürsten nur verleihen können: die Dämmerung hätte, glaub ich, dennoch seinen brennenden Neid nach imaginären Auszeichnungen entzündet. Die Nacht, die ihre Finsternis in diese Geister überströmt, macht mir den meinen licht und klar; und obgleich nicht selten dieselbe Ursache zwei entgegengesetzte Wirkungen hervorbringt, bin ich dadurch immer gleichsam verwirrt und beunruhigt.

O Nacht, o erquickendes Dunkel! Du bist für mich das Signal zu einem inneren Fest, du bist für mich die Befreiung von einer Angst. In der Einsamkeit der Ebene, in den Steinlabyrinthen einer Großstadt, im Sternenschimmer, beim Laternengeflacker bist du das Feuerwerk der Freiheitsgöttin!

Dämmerung, wie zart und lieblich du bist! Die rötlichen Lichter, die bald am Horizont versiegen, der Todeskampf des Tages unter der siegreichen Umschlingung der Nacht, das Licht der Kandelaber, das Flecken von einem durchsichtigen Rot auf die letzten Glorien des Sonnenuntergangs wirft, die schweren Tücher, die eine unsichtbare Hand über die Tiefe des Orients zieht: das alles verbildlicht die widerstreitenden Empfindungen, die im Herzen eines Mannes in feierlichen Stunden seines Lebens kämpfen.

Auch könnte man dich mit dem wundersamen Kleid einer Tänzerin vergleichen, bei dem ein durchsichtiger dunkler Gazeschleier nur gedämpft die Pracht eines glänzenden Unterkleides durchscheinen lässt, wie uns die herrliche Vergangenheit durch die dunkle Gegenwart leuchtet. Und die glitzernden Gold- und Silbersterne, mit denen es übersät ist, sind die Funken der Phantasie, die sich einzig unter der tiefen Trauer der Nacht vollends entzünden.

XXIII.

DIE EINSAMKEIT
La Solitude

Ein philantropischer Zeitungsschreiber erzählt mir, die Einsamkeit sei für den Menschen nicht gut; und zur Unterstützung seiner Behauptung zitiert er, wie alle Ungläubigen, Sprüche der Kirchenväter.

Ich weiß, dass der Teufel gern die unfruchtbaren Orte aufsucht, ich weiß, dass der Geist des Bösen und der Geilheit in seltsamer Art sich in der Einsamkeit entzünden. Es ist jedoch möglich, dass diese Einsamkeit nur für träge, unstete Gemüter gefährlich ist, die sie mit ihren Leidenschaften und ihren Grillen beleben.

Ein Schwätzer, dessen höchste Wonne darin besteht, von der Höhe einer Kanzel oder einer Tribüne herab zu reden, riskiert, auf einer Robinsoninsel tollwütig zu werden. Ich verlange auch nicht, dass mein Zeitungsschreiber die mutigen Tugenden eines Robinson Crusoe besitzen soll, aber ich verlange, dass er keine Anklage gegen die Freunde der Einsamkeit und des Geheimnisvollen schleudert.

Es gibt in unserer redseligen Rasse Wesen, die mit weniger Widerwillen die schwersten Strafen hinnehmen, wenn ihnen erlaubt wird, von der Höhe des Schafotts einen großen Sermon hinabzureden, wenn sie nicht fürchten müssen, dass ihnen die wirbelnden Trommler des Generals Santerres vorzeitig das Wort abschneiden.

Ich beklage sie nicht, denn ich denke mir, dass ihr Redeschwall ihnen ein gleiches Vergnügen verschafft, wie andere es aus dem Schweigen und der Ruhe schöpfen; doch ich verachte sie.

Ganz besonders wünsche ich, dass mein verdammter Zeitungsschreiber mich nach meiner Fasson selig werden lässt. »Empfinden Sie denn niemals das Bedürfnis« – sagt er zu mir in einem apostolischen Stockschnupfenton – »Ihre Genüsse zu teilen?« Da seht mir den schlauen Neidhammel! Er weiß, dass ich seine Freuden verachte, und will sich in meine drängen, der widerliche Spielverderber!

»Das große Unglück, nicht allein sein zu können!« sagt La Bruyère irgendwo, als wolle er in denen Schamgefühl erwecken, die sich in der Menge zu vergessen suchen, gewiss aus Furcht, sie könnten sich selbst nicht ertragen.

»All unser Unglück kommt daher, dass wir nicht allein in unserem Zimmer bleiben können«, sagt ein anderer Weiser, ich glaube, es war Pascal. Er erinnerte sich dabei in seiner einsamen Zelle wohl all jener Narren, die das Glück in der Bewegung suchen, und in einer Prostitution, die ich *Brüderlichkeit* nennen würde, wenn ich die schöne Sprache meines Jahrhunderts sprechen wollte.

XXIV.

DIE PLÄNE

Les Projets

Als er allein in einem schönen großen Park spazieren ging, sprach er zu sich: »Wie schön würde sie aussehen, wenn sie in der klaren Luft eines köstlichen Abends ihr elegantes, üppiges Hofgewand über die Marmorstufen des Palastes herniederfließen ließe, inmitten samtener Rasenflächen und spiegelnder Wasserbecken: Denn sie sieht so natürlich aus wie eine Prinzessin!«

Wenig später ging er durch eine Straße und blieb vor einer Galerie mit Kupferstichen stehen, erblickte einen gerahmten Stich, der eine tropische Landschaft darstellte, und sagte: »Nein! Nicht in einem Palast möchte ich mein Leben mit ihr teilen. Wir würden uns da nie zu Hause fühlen. An diesen goldüberladenen Wänden gäbe es nicht ein Plätzchen, um ihr Bild aufzuhängen; in diesen feierlichen Hallen gäbe es kein Eckchen für Vertraulichkeiten. Aber jetzt, entschieden: *Dort* möchte ich wohnen, mir meinen Lebenstraum zu erfüllen.«

Und während er noch die Einzelheiten des Kupfers betrachtete, fuhr er in Gedanken fort: »Am Ufer des Meeres ein schönes Holzhaus, von schimmernden Bäumen umstanden, ihre Namen weiß ich nicht mehr …, in der Luft ein berauschender, unbestimmbarer Geruch, in der Hütte ein kräftiger Duft von Rosen und Muskat …, und ferne, hinter unserer kleinen Burg die Spitzen der auf der Dünung tanzenden Masten …, das Zimmer durchflutet von einem Licht, das sich rosig durch die Vorhänge siebt, frische Matten, berauschende Blüten, und mit seltenen Sesseln aus dem portugiesischen Rokoko, in denen sichs so still, so leicht umfächelt ruhen lässt, beim zarten Rauch des opiumgetränkten Tabaks, und um uns, von jenseits des Zimmers, von jenseits des Schiffs herüberhallend, das Geschrei lichttrunkener Vögel und das Gekicher der kleinen schwarzen Mädchen, und nachts, um unsere Träume zu begleiten, die leise singenden Klagelieder der melancholischen Kängurubäume! Ja: das ist die Umgebung, die ich gesucht habe. Was sollen mir da Paläste?«

Und später, als er einer langen Allee folgte, erblickte er ein einladendes Gasthaus, aus einem freundlichen Fenster mit hellbunten Kattunvorhängen beugten sich zwei lachende Gesichter hinunter. Und alsbald sprach er zu sich: »Meine Gedanken müssen rechte Landstreicher sein, dass sie so weit in der Ferne das suchen, was mir so nahe ist. Freude und Glück sind im erstbesten Gasthof eingekehrt, in der Herberge des Zufalls, so reich an Freuden und Lüsten. Ein großes Kaminfeuer, buntes Geschirr, ein kräftiges Abendbrot, ein herber Wein und ein richtig breites Bett mit etwas rauen, aber frischen Laken: Was will man mehr?«

Und als er allein nach Hause kam, wo die Ratschläge der Klugheit nicht vom Lärm des äußeren Lebens übertönt werden, sagte er sich: »Heute hab ich im Traum drei Wohnungen gehabt, in denen ich gleiche Freude fand. Warum den Körper zum Reisen zwingen, wenn meine Gedanken bereits so mühelos reisen? Und warum Pläne ausführen, wenn schon das Planen so viel Freude bringt?«

XXV.

DIE SCHÖNE DOROTHEA

La Belle Dorothée

Die Sonne prallt steil und schrecklich auf die Stadt; der Sand blendet und das Meer strahlt. Die betäubte Welt lässt sich erschlafft fallen und hält Siesta, eine Siesta, die eine Art köstlicher Tod ist, wo der Schläfer halbwach die Wollust seiner Vernichtung trinkt.

Dorothea schreitet jedoch, stark und stolz wie die Sonne, durch die verlassene Straße, als einziges lebendes Wesen in dieser Stunde, ein scharfer schwarzer Fleck im Lichtermeer unter dem unendlichen Himmelsblau.

Sie schreitet dahin und wiegt ihre zarte Büste wohlig auf ihren breiten Hüften. Ihr eng anliegendes Seidenkleid, hell und rosa im Ton, sticht lebhaft vom Dunkel ihrer Haut ab und schmiegt sich an ihre lange Taille, ihren gewölbten Rücken und ihre spitzen Brüste an.

Ihr roter Sonnenschirm fängt das Licht und malt auf ihr Gesicht die blutrote Schminke seiner Reflexe.

Das Gewicht ihres kräftigen, fast blauen Haares zieht ihren zierlichen Kopf nach hinten und gibt ihr einen triumphierenden und lässigen Ausdruck. Schwere Ohrringe klirren leise an ihren niedlichen Ohrläppchen.

Von Zeit zu Zeit hebt die Meeresbrise den Rand ihres wehenden Rockes auf und zeigt ihr leuchtendes und herrliches Bein; und ihr Fuß – der den Füßen der Marmorgöttinnen gleicht, die Europa in seinen Museen einschließt – drückt sein treues Abbild in den feinen Sand. Denn Dorothea ist so kokett, dass die Lust, sich bewundern zu lassen, bei ihr noch stärker ist als ihr venuspriesterlicher Hochmut, und darum geht sie, auch als Freie, barfuß.

Sie schreitet harmonischen Schrittes weiter, glücklich zu leben, und das Gesicht von einem Lächeln überstrahlt, als suche sie irgendwo im fernen Raum einen Spiegel, der ihren Gang und ihre Schönheit zurückwirft.

Zur Stunde, da selbst die Hunde sich unter der stechenden Sonne schmerzlich winden – welch wichtiger Grund mag zu dieser Stunde die faule Dorothea, schön und kühl wie eine Bronze, ins Freie treiben?

Warum hat sie ihre kleine, so kokett eingerichtete Hütte verlassen, die durch ihre Blumen und Matten mit wenig Kosten den Eindruck eines Boudoirs macht; wo sie so viel Vergnügen daran findet, sich zu kämmen, zu rauchen, sich fächeln zu lassen oder im Spiegel ihre großen Federfächer zu betrachten, indes das Meer, das hundert Schritt von dort an die Küsten schlägt, zu ihren wirren Träumen eine mächtige, eintönige Begleitung spielt; wo der eiserne Kochtopf, in dem ein Ragout von Krabben in Reis und Safran brodelt, aus der Tiefe des Hofes ihr seine einsamen Düfte sendet?

Vielleicht hat sie ein Rendezvous mit einem jungen Offizier von einer fernen Küste, der seine Kameraden von der berühmten Dorothea hat reden hören. Gewiss wird sie, das schlichte Geschöpf, ihn bitten, ihr den Opernball zu beschreiben, und wird ihn fragen, ob man da auch barfuß hingehen kann, wie zu den Sonntagstänzen, bei denen sogar die Kafferinnen wildberauscht vor Freude werden; und dann wird sie noch fragen, ob die schönen Damen in Paris alle schöner sind als sie.

Dorothea wird bewundert und erwählt von allen, und sie würde vollkommen glücklich sein, müsste sie nicht Piaster auf Piaster häufen, um ihre kleine Schwester loszukaufen, die schon gut elf Jahre alt und schon reif ist und schön! Es wird ihr, der guten Dorothea, zweifellos gelingen; der Herr des Kindes ist so geizig, zu geizig, um eine andre Schönheit zu verstehen, als die der Piaster!

XXVI.

DIE AUGEN DER ARMEN

Les Yeux des pauvres

Aha, Sie wollen wissen, warum ich Sie heute hasse. Es wird bestimmt für Sie schwerer zu begreifen, als für mich zu erklären sein; denn Sie sind, glaub ich, das schönste Beispiel weiblicher Begriffsstutzigkeit, dem ich je begegnet bin.

Wir hatten zusammen einen langen Tag verbracht – und wie kurz erschien er mir! Wir hatten uns versprochen, dass alle unsre Gedanken uns gemeinsam gehören sollten, dass unser beider Seelen künftig zu einer einzigen werden sollten; ein Traum, an dem nichts Originelles ist, es sei denn: dass er von allen geträumt, doch von keinem verwirklicht wurde.

Am Abend wollten Sie, ein wenig müde, sich an der Ecke eines neuen Boulevard vor ein neues Café setzen, das, obgleich noch voller Mörtelreste, sich stolz in seiner unvollendeten Pracht präsentierte. Das Café war erleuchtet. Das Gas selbst entfaltete den ganzen Eifer des Debütanten und erhellte mit voller Kraft die von frischer weißer Tünche blendenden Mauern, die glänzenden Spiegelflächen, die Vergoldungen der Träger und der Gesimse; es erleuchtete rundwangige Edelknaben, die von gekoppelten Hunden gezogen wurden, lächelnde Damen, die sich über den Falken auf ihrer Faust neigten, Nymphen und Göttinnen, die auf ihren Häuptern Früchte, Pasteten und Wildpret trugen, Epheben und Ganymede, auf erhobenem Arme kleine Amphoren mit Fruchtcremeschalen oder den zweifarbenen, zuckerumsponnenen Eisobelisken mit Glace panachée haltend; kurz, die ganze Geschichte und die ganze Mythologie, hier in den Dienst der Schlemmerei gestellt.

Grad vor uns auf der Straße hatte sich ein Mann von ungefähr vierzig Jahren hingestellt, mit müdem Gesicht und ergrauendem Barte; er hielt an der Hand einen kleinen Knaben und auf dem anderen Arme trug er ein kleines Geschöpf, das noch zu schwach war, um zu gehen. Offenbar versah er das Amt einer Kinderfrau und ließ die Kinder die Abendluft genießen. Alle trugen zerlumpte Kleider. Die drei Gesichter waren ungewöhnlich ernst, und die sechs Augen betrachteten das neue Café mit der gleichen Bewunderung, aber je mit einem dem Alter entsprechenden Ausdruck.

Die Augen des Vaters sagten: »Wie schön das ist! Wie schön das ist! Man könnte meinen, alles Gold der armen Leute ist auf diesen Mauern angesammelt!« – Die Augen des Knaben: »Wie schön das ist! Wie schön das ist! Aber in solch ein Haus dürfen nur Leute hineingehen, die anders sind als wir.« – Die Augen des Kleinen aber waren allzu sehr bezaubert, um etwas anderes auszudrücken als eine dumpfe tiefe Lust.

Die Dichter sagen, das Vergnügen mache die Seele gut und das Herz weich. Und die Dichter haben recht: mir ging es so an diesem Abende. Ich war nicht allein ergriffen durch diese Familie von Augen, ich fühlte mich vielmehr ein wenig beschämt wegen unserer Gläser und Karaffen, die größer waren als unser Durst. Und ich wandte meine Blicke zu den Ihren, o Geliebte, um *meine* Gedanken dort zu lesen. Ich senkte sie tief in Ihre schönen und so seltsam süßen Augen, in denen die Laune herrscht und die am Mondlicht sich berauschen. Und da nun sagten Sie mir: »Die Leute da sind mir unerträglich mit ihren sperrangelweit aufgerissenen Augen! Könnte man den Besitzer des Cafés nicht bitten, sie von dem Platze zu entfernen?«

So schwer ist es, mein lieber Engel, sich zu verstehen, und so sehr fremd sind sich die Gedanken – selbst die unter Liebenden!

XXVII.

EIN HELDENTOD

Une Mort héroïque

Fancioulle war ein fabelhafter Komödiant und zählte fast zu den Freunden des Fürsten. Aber für Leute, deren Beruf die Komik ist, haben ernsthafte Dinge oft eine verhängnisvolle Anziehungskraft, und mag es auch lächerlich erscheinen, dass sich Ideen von Freiheit und Vaterland mit unbezwinglicher Macht eines Komödiantengehirns bemächtigen können: Eines Tages trat Fancioulle einer Verschwörung bei, die von einigen unzufriedenen Edelleuten angezettelt war.

Es gibt überall Leute, die der Regierung jene Aufsässigen verraten, die ohne weitere Umstände die Fürsten absetzen und den Staat umwälzen wollen. Die betreffenden Personen – unser Fancioulle unter ihnen – wurden festgenommen, und der sichere Tod war ihnen gewiss.

Ich glaube, dem Fürsten war es sehr unangenehm, seinen Lieblingsschauspieler unter den Rebellen zu finden. Der Fürst war weder besser noch schlimmer als irgendein anderer; aber eine ungewöhnliche Empfindlichkeit machte ihn manchmal grausamer und despotischer als andere seinesgleichen. Ein leidenschaftlicher Liebhaber der Kunst, übrigens auch ihr vorzüglicher Kenner, war er in sinnlichen Genüssen unersättlich. Dabei war er den Menschen und der Moral gegenüber ziemlich gleichgültig; als wirklicher Künstler kannte er nur einen gefährlichen Feind: die Langeweile. Die bizarren Anstrengungen, die er machte, um diesem Tyrannen zu entfliehen oder ihn zu überwinden, würden ihm bei einem strengen Biographen den Beinamen »der Schreckliche« eingetragen haben, wenn es in seinem Reich erlaubt gewesen wäre, über etwas anderes zu schreiben, als über das Vergnügen oder über die Verblüffung, die eine der feinsten Formen des Vergnügens ist. Das größte Unglück dieses Fürsten war, dass er niemals eine Bühne hatte, die seinem Genie genug Raum bot.

Es gibt junge Neros, die in zu engen Grenzen ersticken und von deren Namen und gutem Willen die Jahrhunderte nichts zu verzeichnen wissen. Diesem hatte die unvorsichtige Vorsehung Fähigkeiten gegeben, die größer waren als die Grenzen seiner Länder.

Plötzlich ging das Gerücht um, der Herrscher wolle alle Verschwörer begnadigen; Anlass zu diesem Gerücht war die Ankündigung eines großen Schauspiels, in welchem Fancioulle eine seiner besten Rollen spielen sollte; alle verurteilten Edelleute waren eingeladen; ein deutliches Zeichen (fügten oberflächliche Geister hinzu) der großmütigen Absichten des beleidigten Fürsten.

Bei einem aus Veranlagung und Neigung exzentrischen Mann war alles möglich, selbst Tugend, selbst Milde, besonders wenn er hoffen konnte, ein unerwartetes Vergnügen daran zu finden. Doch für alle, die wie ich einen tieferen Blick in die seltsame und kranke Seele hatten werfen können, war es wahrscheinlicher, dass sich der Fürst über das schauspielerische Talent eines zum Tode Verurteilten sein Urteil bilden wollte. Er wollte die Gelegenheit nutzen, um ein physiologisches Experiment von ganz besonderem Interesse auszuführen, und ergründen, bis zu welchem Grade die gewöhnlichen Fähigkeiten eines Künstlers gesteigert oder beeinträchtigt werden können, wenn er sich in einer außergewöhnlichen Lage befindet. Oder lebte in seiner Seele wirklich eine Absicht, die von Güte beeinflusst war? Eine Frage, die niemals hat beantwortet werden können.

Als der große Tag endlich gekommen war, entfaltete der Hof all seine Pracht, und man wird, ohne das gesehen zu haben, kaum begreifen können, was die bevorzugten Stände eines kleinen Staates bei ihren beschränkten Hilfsquellen für eine wirkliche Festlichkeit an Pracht aufzubringen vermögen. Und dieses war in doppelter Beziehung ein wahres Fest: einmal durch den Zauber des entfalteten Reichtums, dann aber auch durch das geheimnisvolle moralische Interesse, das sich damit verband.

Fancioulle glänzte vor allem in stummen oder wortkargen Rollen, am hervorragendsten oft in jenen Feen-Dramen, deren Gegenstand es ist, das Mysterium des Lebens symbolisch darzustellen. Er trat leicht und vollkommen ungezwungen auf die Bühne, was dazu beitrug, den Gedanken an Milde und Gnade in der adeligen Zuhörerschar zu befestigen.

Sagt man von einem Schauspieler: »Das ist ein guter Schauspieler«, so bedient man sich einer Ausdrucksweise, die besagt, dass unter der dargestellten Persönlichkeit noch der Darsteller selbst, das heißt, die Kunst, die Anstrengung, der Wille sich erraten lässt. Wenn es nun einem Schauspieler gelingen sollte, der darzustellenden Persönlichkeit gegenüber das zu sein, was die besten, wunderbar beseelten, lebensvollen antiken Statuen, die uns anzublicken und entgegenzukommen scheinen, gegenüber den gewöhnlichen unklaren Begriffen von Schönheit sind, so wäre das ein besonderes, ganz überraschendes Ereignis. Fancioulle aber *war* an diesem Abend eine vollkommene Idealisierung, so dass es unmöglich war, in der Persönlichkeit dort auf der Bühne nicht etwas Lebendiges, Mögliches, Reales zu erblicken. Dieser Komödiant kam, ging, lachte, weinte, wand sich, und dabei floss eine unzerstörbare Aureole ihm um das Haupt, eine für alle unsichtbare Aureole, in der sich in seltsamer Verquickung die Strahlen der Kunst und der Glorienschein des Märtyrertums vereinten. Fancioulle verstand es, ich weiß nicht durch welche besondere Anmut, selbst in die extravagantesten Späße etwas Göttliches, Übernatürliches hineinzubringen. Meine Feder zittert und die Tränen einer mir immer gegenwärtigen Ergriffenheit steigen in meine Augen, während ich versuche, diesen unvergesslichen Abend zu beschreiben. Fancioulle bewies mir in unwiderleglicher, entscheidender Art, dass der Rausch der Kunst mehr als jeder andere geeignet ist, die Schrecken des Abgrundes mit einem Schleier zu verhüllen; dass das Genie am Rande des Grabes Komödie spielen kann, mit einer Wollust, die seine Blicke über das Grab wegleitet, verirrt in ein Paradies, das jeden Gedanken an Tod oder Untergang aus seinen Gefilden verbannt.

Und das ganze Publikum, so oberflächlich und blasiert es auch sein mochte, unterwarf sich bald der Allmacht des Künstlers. Niemand dachte mehr an Tod, an Trauer noch an Strafe. Jeder überließ sich ruhevoll dem zur Erhabenheit gesteigerten Genuss, den uns ein Meisterwerk lebendiger Kunst erleben lässt. Ausbrüche der Freude und der Bewunderung ließen die Wände des Hauses mit der Heftigkeit eines anhaltenden Donners erbeben. Der entzückte Fürst selbst mischte seine Beifallsbezeugungen unter die seines Hofes.

Indessen, für ein tiefblickendes Auge war seine Begeisterung nicht völlig ungetrübt. Fühlte er sich besiegt in seiner despotischen Macht? Gedemütigt in seiner Kunst, in Herzen das Entsetzen einzuflößen und die Gemüter mit Lähmung zu schlagen? Oder betrogen in seinen Erwartungen und in seinen Vermutungen verhöhnt? Solche nicht unbedingt richtigen, aber gewiss nicht ungerechtfertigten Voraussetzungen durchkreuzten mein Gehirn, während ich das Gesicht des Fürsten betrachtete, auf welchem zu der gewöhnlichen Blässe sich mehr und mehr noch eine neue Blässe gesellte, so wie der Schnee sich zum Schnee gesellt. Seine Lippen schlossen sich immer fester, und in seinen Augen leuchtete ein inneres Feuer, gleich dem der Eifersucht oder der Arglist, selbst während er die Talente seines alten Freundes so sichtbarlich beklatschte, des alten Komikers, der dem Tode ein so tolles Schnippchen schlug. In einem gewissen Augenblicke sah ich, wie Seine Hoheit sich zu einem hinter ihm sitzenden Pagen beugte und ihm etwas ins Ohr flüsterte. Der schelmische Gesichtsausdruck des Kindes verklärte sich zu einem Lächeln; und dann verließ es schnell die fürstliche Loge, wie um sich eines dringlichen Auftrags zu entledigen.

Einige Minuten später unterbrach ein anhaltender scharfer Pfiff Fancioulle in einem seiner besten Momente und zerriss plötzlich aller Ohren und Herzen. Und von der Stelle des

Saales, an welcher diese unerwartete Missbilligung hervorgestoßen war, stürzte sich ein Kind mit ersticktem Lachen in einen der Korridore.

Fancioulle, geweckt, aufgerüttelt aus seinem Traume, schloss zuerst die Augen, schlug sie alsbald wieder auf, unermesslich vergrößert, öffnete den Mund, wie um krampfhaft Luft zu bekommen, schwankte ein wenig nach vorn, ein wenig nach hinten, und fiel dann wie gefällt und tot auf die Bretter.

Hatte der Pfiff, so scharf und schnell wie ein Schwert, den Henker in der Tat betrogen? Hatte der Fürst selbst die mörderische Wirkung seiner List vorausgesehen? Man mag daran zweifeln. Bedauerte er seinen teuren, einzigen Fancioulle? Es ist schön und nicht unberechtigt, das zu glauben.

Die schuldigen Edelleute hatten zum letzten Male einer derartigen Aufführung beigewohnt. Noch in derselben Nacht wurde ihrem Leben ein Ende bereitet.

Seitdem sind manche mit Recht geschätzte Schauspieler aus verschiedenen Ländern an den Hof von *** gekommen; aber keiner von ihnen konnte an die wunderbaren Talente Fancioulles auch nur erinnern, keiner, sich zu derselben *Gunst* erheben.

XXVIII.

DAS FALSCHE GELD

La Fausse Monnaie

Als wir aus dem Tabakladen traten, sortierte mein Freund sorgfältig sein Geld. In die linke Westentasche ließ er die kleinen Goldstücke gleiten; in die rechte kleine Silberstücke; in die linke Hosentasche eine Menge Kupfergeld; und endlich in die rechte ein Zweifrankenstück, das er genau geprüft hatte.

»Welch eigenartige, kleinliche Einteilung!«, sagte ich zu mir.

Bald darauf begegneten wir einem armen Mann, der uns zitternd seine Mütze hinhielt. Ich kenne nichts Erschütternderes, als die stumme Beredsamkeit dieser flehenden Augen, in denen für den, der in ihnen lesen kann, gleichviel Demut wie Vorwurf liegt. Er findet in ihnen eine Gefühlstiefe, die den weinerlichen Augen eines geschlagenen Hundes ähnelt.

Die Gabe meines Freundes war bedeutend größer als die meinige, und ich sagte zu ihm: »Sie haben recht; außer dem Vergnügen, überrascht zu werden, gibt es kein größeres, als jemanden zu überraschen.« – »Das war ein falsches Geldstück«, antwortete er ruhig, wie um seine Freigebigkeit zu rechtfertigen.

Aber in meinem elenden Gehirn, das immer bereit ist, sich alles unnötig schwer zu machen – die Natur beschenkte mich mit dieser ermüdenden Eigenschaft! – erwachte plötzlich der Gedanke, ein solches Benehmen meines Freundes sei nur entschuldbar durch den Wunsch, in dem Leben dieses armen Teufels ein Ereignis zu schaffen, obwohl er vielleicht die verschiedenartigen Folgen kannte, Verderben bringende oder andere, welche die Entdeckung eines falschen Geldstückes in der Hand eines Bettlers nach sich ziehen konnte. Konnte es sich nicht in echte Münze vermehren? Konnte es ihn nicht ebenso leicht ins Gefängnis bringen? Wird ein Wirt oder ein Bäcker zum Beispiel ihn als Falschmünzer oder doch als Verbreiter von Falschgeld festnehmen lassen? Und ebenso gut konnte das falsche Stück für einen armen kleinen Spekulanten der Keim zum Reichtum künftiger Tage sein. Und so nahm meine Phantasie ihren Flug auf den geborgten Geistesflügeln meines Freundes auf und zog alle möglichen Folgerungen aus den möglichen Hypothesen.

Er aber störte meine Träume jäh, indem er meine eigenen Worte aufgriff: »Ja, Sie haben recht; es gibt keine süßere Freude, als einen Menschen zu überraschen, indem man ihm mehr gibt, als er erhofft.«

Ich sah ihm scharf in die Augen und war überrascht, sie in ganz unbestreitbarer Aufrichtigkeit und Herzenseinfalt leuchten zu sehen. Ich sah nun klar, dass er zugleich wohltätig und geschäftsklug hatte sein wollen: vier Sous und zugleich noch Gottes Herz gewinnen; auf ökonomisch günstigem Wege das Paradies erreichen; endlich gratis den Passierschein der Mildherzigkeit erlangen. Fast hätte ich ihm das Gelüst nach der verbrecherischen Freude, derer ich ihn in diesem Augenblicke fähig glaubte – fast hätte ich es ihm verziehen; ich hätte es kurios und originell gefunden, wenn er sich damit amüsierte, die Armen in Schwierigkeiten zu bringen; niemals aber werde ich ihm die alberne Ungeschicklichkeit seiner Berechnung verzeihen. Man ist nie zu entschuldigen, wenn man böse ist; immerhin liegt aber doch ein gewisses Verdienst darin, wenn man weiß, dass man es ist; doch das unverzeihlichste aller Laster ist: Böses zu tun aus Dummheit.

XXIX.

DER GROSSZÜGIGE SPIELER

Le Joueur généreux

Gestern fühlte ich mich mitten in der Menge des Boulevards von einem geheimnisvollen Wesen gestreift, dessen Bekanntschaft ich schon immer hatte machen wollen, und das ich nun sofort erkannte, obwohl ich es nie gesehen hatte. ER hatte offenbar mich betreffend denselben Wunsch; denn er winkte mir im Vorübergehen bedeutsam mit den Augen zu, und ich gehorchte sofort. Ich folgte ihm aufmerksam, und bald schritt ich hinter ihm in eine blendende unterirdische Wohnung hinab, in der ein Luxus strahlte, der mit dem der hochgelegenen Pariser Wohnungen nicht auch nur annähernd verglichen werden konnte. Es schien mir unbegreiflich, dass ich so oft an diesem kostbaren Versteck vorbeigegangen war, ohne den Eingang zu ahnen. Dort herrschte eine exquisite, gleichwohl berauschende Atmosphäre, die all die langweiligen Greuel des Lebens im Nu vergessen ließ; man schlürfte dort eine düstre Glückseligkeit, wie sie die Lotosesser empfinden müssen, wenn sie auf einer im Glanz eines ewigen Nachmittags strahlenden Zauberinsel landen und beim einschläfernden Klang der melodischen Wasserfälle den Wunsch aufsteigen fühlen, niemals ihre Penaten, ihre Frau, ihre Kinder wiederzusehen und nie mehr auf den hohen Meereswellen zu fahren.

Dort sah ich merkwürdige Gesichter von Männern und Frauen, die mit tödlicher Schönheit gezeichnet waren und die ich alle schon in Zeiten und Ländern gesehen zu haben glaubte, an die mich zu erinnern mir aber unmöglich war, die mir weit eher eine brüderliche Zuneigung einflößten, als jene Furcht, die gewöhnlich beim Anblick des Unbekannten aufsteigt. Wenn ich versuchen wollte, den sonderbaren Ausdruck ihrer Blicke in irgendeiner Weise wiederzugeben, so würde ich sagen: Nie sah ich Augen, in denen packender das Grauen vor der Langeweile und das unsterbliche Verlangen nach Lebensbewusstsein funkelte.

Mein Wirt und ich waren, als wir uns setzten, schon alte, gute Freunde. Wir aßen, wir tranken maßlos von allen Sorten außergewöhnlicher Weine, und – was nicht minder außergewöhnlich war – es schien mir nach mehreren Stunden, dass ich so wenig berauscht war wie er. Zwischendurch hatte das Spiel, dieses übermenschliche Vergnügen, verschiedentlich unsere reichen Trankopfer unterbrochen, und ich muss sagen: Ich hatte in einem Doppelspiel um meine Seele gespielt und sie mit heroischer Leichtherzigkeit und Unbekümmertheit verloren. Eine Seele ist ein so unfassbares Ding, oft unnütz und nicht selten noch genant, dass ich mich über diesen Verlust nicht mehr aufregte, als hätte ich auf einem Spaziergange eine Visitenkarte verloren.

Wir rauchten gemächlich mehrere Zigarren, deren unvergleichlicher Geschmack und Duft in der Seele Heimweh nach fremden Landen, nach unbekannten Glückseligkeiten erweckten, und berauscht von all diesen Wonnen, wagte ich in einer Anwandlung von Vertraulichkeit, die ihm nicht zu missfallen schien, einen Kelch ergreifend, der voll bis zum Rande war, ihm zuzurufen: »Auf deine unsterbliche Gesundheit, alter Bock!«

Wir plauderten also vom Weltall, von seiner Schöpfung und seiner künftigen Zerstörung; von der großen Idee des Jahrhunderts, das heißt: vom Fortschritt und von der Vervollkommnung, und überhaupt von allen Formen der menschlichen Kindsköpfigkeit. Bezüglich dieses Stoffes konnte Seine Hoheit sich nicht genug tun in leicht hingeworfenen, unwiderleglichen Neckereien und drückte sich mit einer milden Lieblichkeit der Diktion und einer Ruhe im Scherzen aus, wie ich sie sonst auch bei den berühmtesten Plauderern der Menschheit nie gefunden habe. Er erklärte mir die lächerliche Absonderlichkeit der verschiedenen Philosophien, die bis heute vom menschlichen Gehirn Besitz ergriffen haben, und geruhte gar, mir im Vertrauen über einige Grundprinzipien Mitteilungen zu machen –, doch wäre es unschicklich, wollte ich ihre Segnungen und ihren Besitz irgendjemandem, wer es auch sei, zuteilen. Er beklagte sich in keinerlei Weise über den schlechten Ruf, dessen er sich in allen Teilen der Welt erfreut, versicherte mir, dass er – Seine Hoheit selbst – an der Ausrottung des *Aberglaubens* am stärksten interessiert sei, und gestand mir aufrichtig, dass ihm bezüglich seiner eigenen Macht nur ein einziges Mal bange geworden war, an dem Tage nämlich, da er einen Prediger, der feiner dachte als seine Brüder, von der Kanzel herab voll Eifers verkündigen hörte: »Meine lieben Brüder, vergesset niemals, wenn ihr den Fortschritt der Erleuchtung preisen hört, dass es die feinste aller Listen des Teufels ist, euch einzureden, dass er nicht existiert!«

Die Erinnerung an diesen berühmten Redner brachte uns natürlich auf das Thema der Akademien, und mein seltsamer Kumpan versicherte mir, dass er es in vielen Fällen nicht verschmähe, die Feder, das Wort und das Gewissen der Pädagogen zu beeinflussen, und dass er, allerdings unsichtbar, bei fast allen akademischen Sitzungen persönlich zugegen sei.

Ermutigt von so vielen Beweisen der Güte, fragte ich ihn nach Neuem vom lieben Gott und ob er ihn kürzlich gesehen habe. Er antwortete mir – mit einer Sorglosigkeit, die doch leicht nuanciert war von einer gewissen Betrübtheit: »Wir grüßen uns, wenn wir uns begegnen, wie zwei alte Edelleute, in denen eine angeborene Höflichkeit doch die Erinnerung an alte Ränke nicht zum Erlöschen bringen kann.«

Es ist zu bezweifeln, ob Seine Hoheit jemals einem gewöhnlichen Sterblichen eine so lange Audienz bewilligt hat, und ich fürchtete, diese Gnade zu missbrauchen. Als schließlich das schauernde Morgenlicht die Scheiben bleichte, sagte diese berühmte Persönlichkeit, die besungen wird von so vielen Poeten und bedient von so vielen Philosophen, die zu ihrem Ruhme arbeiten, ohne es zu wissen: »Ich will, dass du mich in gutem Andenken behältst und will dir beweisen, dass ICH, von dem man so viel Schlechtes sagt, bisweilen doch ein *guter Teufel* bin, um mich einer eurer vulgären Redensarten zu bedienen. Um den unwiederbringlichen Verlust deiner Seele wieder auszugleichen, gebe ich dir den Einsatz, den du gewonnen hättest, wenn das Geschick für dich entschieden hätte, also die Fähigkeit, dein ganzes Leben lang jenes wunderliche Kranken am Ennui, an der Langeweile, das die Quelle all eurer Leiden und all eurer elenden Fortschritte ist, bekämpfen und besiegen zu können. Niemals wirst du einen Wunsch bilden, den zu verwirklichen ich dir nicht helfe; du wirst herrschen über die Gewöhnlichen deinesgleichen; mit Schmeicheleien, mit Anbetung gar wird man dich umgeben; Gold, Silber, Diamanten, feenhafte Paläste werden zu dir kommen und um freundliche Annahme bitten, ohne dass du auch nur einen Handschlag dafür tust, sie zu gewinnen; Vaterland und Wohnstatt wirst du wechseln, so oft es deiner Phantasie belieben wird; ohne Ermatten wirst du wollustvolle Räusche feiern, in berückenden Ländern, wo ewige Wärme wallt und wo die Frauen duften wie die Blumen … und so weiter und so fort«, fügte er noch hinzu, und dabei erhob er sich und lächelte mich zum Abschied gutmütig an.

Hätte ich nicht gefürchtet, mich vor einer so großen Festversammlung zu erniedrigen, gern wäre ich diesem hochherzigen Spieler zu Füßen gefallen, um ihm für seine unerhörte Freigebigkeit zu danken. Doch ganz allmählich kehrte, nachdem ich ihn verlassen hatte, das unheilbare Misstrauen wieder in mich ein; ich wagte an ein so wunderbares Glück nicht mehr zu glauben, und als ich zu Bette ging und, wie als Rückstand einer einfältigen Gewohnheit, mein Gebet verrichtete, wiederholte ich, schon halb im Schlafe: »Mein Gott! Mein Herr und Gott! Mach, dass der Teufel sein Wort hält!«

XXX.

DER STRICK
(Für Édouard Manet)
La Corde (À Édouard Manet)

»Die Illusionen« – sagte mir mein Freund – »sind vielleicht ebenso zahlreich wie die Beziehungen der Menschen untereinander oder die Beziehungen der Menschen zu den Dingen. Und wenn die Illusion schwindet, das heißt, wenn wir ein Wesen oder ein Ding so sehen, wie es an sich existiert, so lernen wir ein seltsames Gefühl kennen, das sich halb aus dem Kummer über das entschwundene Phantom, zur andern Hälfte aus angenehmer Überraschung über das Neue, über die wirkliche Tatsache zusammensetzt. Wenn es irgendein auffälliges Phänomen gibt, ein Phänomen, das allgemein bekannt, sich immer ähnlich und von einer Art ist, über die sich zu täuschen unmöglich scheint, so ist es die Mutterliebe. Es ist ebenso schwer, sich eine Mutter ohne Mutterliebe vorzustellen, wie ein Licht ohne Wärme; ist es nicht vollkommen berechtigt, alle Worte und Handlungen einer Mutter, die sich auf ihr Kind beziehen, der Mutterliebe zuzuschreiben? Nun hören Sie mal diese kleine Geschichte, in der ich mit einer der natürlichsten Illusionen ganz eigenartig getäuscht worden bin.

Mein Beruf als Maler treibt mich dazu, Gesichter und Physiognomien, die unterwegs auf mich zukommen, aufmerksam zu beobachten; und Sie wissen, welchen Genuss wir aus dieser Fähigkeit schon geschöpft haben, die für unsere Augen das Leben lebendiger und bedeutsamer macht als für andere. In dem Viertel, wo ich wohne und wo die Gebäude noch durch weite Rasenflächen getrennt sind, beobachtete ich oft einen Knaben, dessen lebhafter und schelmischer Ausdruck mich von Anfang an bezauberte. Er hat mir mehr als einmal Modell gesessen, und ich habe ihn bald als Zigeuner, bald als Engel, bald als mythologischen Amor dargestellt. Ich gab ihm die Violine des Vagabunden, die Dornenkrone und die Passionsnägel oder die Fackel des Eros zu tragen. Ich fand ein so lebhaftes Vergnügen an der Munterkeit dieses kleinen Gassenjungen, dass ich eines Tages seine Eltern, arme Leute, bat, ihn mir doch zu überlassen, gegen mein Versprechen, ihn anständig zu kleiden, ihm einiges Taschengeld zu geben und ihm keine andere Arbeit aufzutragen, als meine Pinsel zu reinigen und meine Besorgungen zu machen. Dieses Kind, als es sauber war, sah reizend aus, und das Leben bei mir dünkte ihm ein Paradies im Vergleich zu dem in der kleinen Wohnung seiner Eltern. Allein ich muss gestehen, dass der kleine Mann mich bisweilen durch seltsame Krisen und eine frühreife Traurigkeit in Erstaunen setzte, und dass er bald eine unmäßige Liebe für Zucker und Likör entwickelte; so sehr, dass ich eines Tages, als er trotz zahlreicher Ermahnungen wieder einen Diebstahl dieser Art begangen hatte, ihm drohte, ihn wieder zu seinen Eltern zurückzuschicken. Darauf ging ich aus, und meine Geschäfte hielten mich ziemlich lange außer Haus.

Wie groß war mein Schrecken und Entsetzen bei meiner Rückkehr, als das Erste, was mir ins Auge fiel, mein kleiner Mann, der niedliche Gefährte meines Lebens war, der sich an der Verkleidung des Kleiderschrankes aufgehängt hatte! Seine Füße berührten fast den Boden; ein Stuhl, den er ohne Zweifel mit dem Fuße fortgestoßen hatte, lag umgestürzt neben ihm. Sein Kopf hing verkrampft auf einer Schulter; sein aufgedunsenes Gesicht und seine groß aufgerissenen, entsetzlich stieren Augen gaben mir zuerst den Eindruck, dass er noch lebte. Es war nicht so leicht, wie Sie vielleicht denken, ihn abzuhängen. Er war schon ganz steif, und ich hatte einen unerklärlichen Widerwillen, ihn einfach auf den Boden fallen zu lassen. Ich musste ihn ganz mit einem Arm halten und mit der anderen Hand den Strick abschneiden. Aber damit war es noch nicht getan. Das kleine Ungeheuer hatte eine ganz dünne Schnur genommen, die sich tief in sein Fleisch eingeschnitten hatte, und so musste ich mit einer kleinen Schere die Schnur zwischen den beiden geschwollenen Rändern suchen, um den Hals aus der Schlinge freizubekommen.

Ich hab Ihnen noch nicht gesagt, dass ich lebhaft um Hilfe gerufen hatte; doch keiner meiner Nachbarn hatte mir helfen wollen, getreu der Gewohnheit des zivilisierten Menschen, niemals etwas mit einem Erhängten zu schaffen haben zu wollen. Endlich kam ein Mediziner, der erklärte, das Kind sei schon seit mehreren Stunden tot. Als wir ihn später für die Beerdigung herrichten wollten, war die Leichenstarre bereits so weit fortgeschritten, dass ich die Kleidungsstücke aufreißen und zerschneiden musste.

Der Polizeikommissar, dem ich den Fall natürlich erklären musste, sah mich schief an und sagte zu mir: ›Das ist aber verdächtig!‹ Offenbar ein eingewurzeltes Bestreben und eine ständige Gewohnheit, bei jeder Gelegenheit den Unschuldigen wie Schuldigen, Angst zu machen.

Blieb nun noch eine letzte Pflicht zu erfüllen – und schon der bloße Gedanke daran erregte in mir eine furchtbare Furcht: die Eltern mussten benachrichtigt werden. Meine Füße versagten mir fast den Dienst auf dem Wege dorthin. Endlich fand ich dann doch den nötigen Mut. Zu meinem großen Erstaunen blieb die Mutter unbewegt; nicht eine Träne stieg ihr in den Augenwinkel. Ich schrieb dies dem Entsetzen zu, das sie beherrschen musste, und erinnerte mich des Spruchs: ›Große Schmerzen sind stumm.‹ Der Vater begnügte sich, halb träumerisch vor sich hinzusagen: ›Vielleicht ist es so das Beste; er hätte doch mal schlecht geendet!‹

Indessen lag die Leiche ausgestreckt auf meinem Diwan, mithilfe einer Dienerin beschäftigten mich letzte Vorbereitungen, als die Mutter in mein Atelier eintrat. Sie wollte die Leiche ihres Sohnes sehen. Ich konnte ihr nicht verbieten, sich an ihrem Schmerz zu berauschen. Dann bat sie mich, ihr die Stelle zu zeigen, wo ihr Junge sich erhängt hatte.

›O nein, liebe Madame‹ – entgegnete ich ihr – ›das wäre sehr schlimm für Sie.‹ Und als sich unwillkürlich meine Blicke zu dem unseligen Kleiderschrank wandten, sah ich mit Abscheu, mit einem Gemisch von Entsetzen und Wut, dass der Nagel noch in der Holzwand steckte und dass daran noch ein langes Stück des Strickes baumelte. Ich stürzte hinzu, um diese letzten Spuren des Unglücks zu beseitigen, doch als ich ans offene Fenster trat, sie hinauszuwerfen, ergriff das arme Weib meinen Arm und rief mit unwiderstehlicher Stimme: ›O Monsieur! Lassen Sie mir das! Ich bitte Sie darum! Ich flehe Sie an!‹ Offenbar hatte ihre Verzweiflung (schien mir) sie derart überspannt gemacht, dass sie nun zärtliche Liebe für den Gegenstand empfand, der ihrem Sohn als Todesinstrument gedient hatte, und ihn als eine furchtbare, doch liebe Reliquie bewahren wollte. Und sie bemächtigte sich des Strickes und des Nagels.

Endlich, endlich war alles überstanden! Mir blieb nichts mehr zu tun, als wieder an die Arbeit zu gehen, und zwar mit größerem Eifer noch als sonst, um nach und nach diesen kleinen Leichnam loszuwerden, der in den äußersten Winkeln meines Gehirns umging und dessen Erscheinung mit seinen großen, starren Augen mich verfolgte. Am nächsten Morgen erhielt ich ein ganzes Paket Briefe; die einen waren von Mietern, die mit mir im Hause wohnten, andere kamen aus Nachbarhäusern; der eine aus der ersten Etage, der andere aus der zweiten, der nächste aus der dritten und so fort, die einen in halb scherzendem Tone abgefasst, um unter dem Anschein des Ulkes die Ernsthaftigkeit der Bitte zu verbergen, die anderen dummdreist und orthographielos, alle aber von der gleichen Absicht diktiert: ein Stück von dem glückbringenden Todesstrick von mir zu erhalten. Unter den Unterzeichnern waren, ich muss es gestehen, mehr Frauen als Männer; aber glauben Sie nicht, dass alle den niederen, elenden Schichten des Volkes angehört hätten. Ich habe diese Briefe aufbewahrt.

Da ging mir plötzlich ein Licht auf und ich begriff, warum der Mutter so sehr daran gelegen war, mir die Schnur zu entreißen, und durch welchen Handel sie sich zu trösten versprach.«

XXXI.

DIE BERUFSWAHL
Les Vocations

In einem schönen Garten, in dem die Strahlen der Herbstsonne gern zu verweilen schienen, unter einem schon grünlichen Himmel, darüber goldene Wolken wie reisende Kontinente zogen, unterhielten sich vier schöne Kinder, vier Knaben, wahrscheinlich vom Spiel ermüdet.

Der eine sagte: »Gestern hat man mich ins Theater mitgenommen. In großen, traurigen Palästen, dahinter man das Meer und den Himmel sieht, sprechen Männer und Frauen, ernst und traurig, aber viel schöner und herrlicher gekleidet als alle, die wir überall sehen. Sie sprechen mit einer Stimme, die wie Gesang klingt. Sie drohen einander, sie flehen sich an, sie sind verzweifelt, und oftmals stützen sie die Hand auf einen Dolch, der in ihrem Gürtel steckt. Ach, ist das schön! Die Frauen sind viel schöner und größer, als die uns besuchen, und wenn sie mit ihren großen, tiefen Augen und ihren flammenden Mienen auch etwas Fürchterliches haben, so kann man doch nicht anders – man muss sie lieben. Man hat Angst und möchte weinen, und doch ist man froh … Und was noch viel seltsamer ist: man bekommt Lust, auch so angezogen zu sein, und solche Sachen zu sagen und zu tun und auch mit diesen Stimmen zu sprechen …«

Eines der Kinder, das schon eine Weile nicht mehr zugehört, sondern mit wunderlicher Beharrlichkeit auf einen Punkt am Himmel gestarrt hatte, sagte plötzlich: »Seht doch, seht da hinten …! Seht ihr IHN? Er sitzt dort auf der kleinen einsamen Wolke, dort auf der kleinen feuerfarbenen Wolke, die sacht dahinschwebt. Und es sieht so aus, als ob auch ER uns ansieht.«

»Wer denn?« fragten die andern.

»Gott!«, antwortete er vollkommen überzeugt. »Oh, er ist schon ganz weit; gleich könnt ihr ihn nicht mehr sehen. Ganz sicher reist er, um die Länder zu besuchen und zu sehen, was die Menschen überall treiben. Wartet, gleich wird er hinter der Baumreihe dort am Horizont vorüberkommen – und nun sinkt er hinter dem Glockenturm hinab … Oh, man sieht ihn nicht mehr!« Und das Kind blieb lange Zeit zur selben Seite gewandt und blickte starr auf die Linie, welche die Erde vom Himmel scheidet, und seine Augen glänzten vor Ekstase und Bedauern.

»Ist der dumm, der da, mit seinem lieben Gott, den nur er allein sehen kann!«, sagte da der dritte, eine kleine Person, die besonders lebendig und lebhaft auftrat. »Jetzt will ich euch mal erzählen, was *mir* begegnet ist, so was ist euch noch nie begegnet und es ist schon ein wenig interessanter als euer Theater und eure Wolken. Vor einigen Tagen nahmen meine Eltern mich mit auf eine Reise, und weil in dem Gasthof, wo wir übernachteten, nicht genug Betten für alle waren, wurde bestimmt, dass ich mit dem Kindermädchen in einem Bett schlafen sollte.« Er zog seine Kameraden dichter an sich heran und sprach leise weiter. »Passt auf, es ist etwas anderes, nicht allein zu schlafen und in einem Bett mit seinem Kindermädchen zu liegen, wenns dunkel ist. Weil ich nicht schlafen konnte, unterhielt ich mich damit, während sie schlief, mit meiner Hand über ihre Arme, ihren Hals und ihre Schulter zu streicheln. Ihre Arme und ihr Hals sind viel fülliger als bei allen anderen Frauen, und die Haut ist da ganz weich, so weich und fein, fast so, als wäre sie aus Seidenpapier. Ich habe mich sehr daran erfreut und hätte gern noch länger damit weitergemacht, hätte ich nicht Angst bekommen – Angst, sie aufzuwecken, und dann noch Angst vor etwas, ich weiß selbst nicht was. Und dann hab ich meinen Kopf in ihre Haare gestopft, die ihr dicht wie eine Mähne über den Rücken hingen – und die dufteten so gut, das kann ich euch gar nicht beschreiben, wie die Blumen hier und heute im Garten. Wenn ihr könnt, versucht das auch einmal, dann werdet ihr schon sehen!«

Dem jungen Künder dieser wundersamen Enthüllung standen bei seinem Bericht die Augen weit offen, in einer Art gebannter Erstarrung vor dem, was er jetzt noch empfand, und wie die Strahlen der untergehenden Sonne über die rostroten Locken seines zerzausten Haares glitten, so entzündeten sie dort eine phosphoreszierende Aureole der Leidenschaft. Es war unschwer vorauszusehen, dass er seine Zeit nicht damit verlieren würde, Gott in den Wolken zu suchen, sondern ihn anderswo zu finden wüsste.

Zuletzt sprach der vierte: »Ihr wisst, dass ich zu Hause keine Vergnügen habe; niemand nimmt mich mit ins Theater, mein Vormund ist zu geizig; Gott beschäftigt sich nicht mit mir und meinen Schmerzen, und ich habe auch kein schönes Kindermädchen, an das ich mich schmiegen könnte. Mir schien, dass dies mein Vergnügen zu sein habe: immer geradeaus zu gehen, ohne zu wissen, wohin, ohne dass sich jemand darum kümmert, und immer wieder neue Länder zu sehen. Ich bin wohl niemals irgendwo, und immer glaub ich, dass ich besser anderswo wäre, als wo ich bin. Nun gut; auf dem letzten Jahrmarkt im Nachbardorf hab ich drei Männer gesehen; die leben so, wie ich wohl leben möchte. Ihr andern habt nie auf sie geachtet. Sie waren groß, fast schwarz und sehr stolz, wenn auch in Lumpen, und sie sahen aus, als wenn sie niemanden nötig hätten. Ihre großen, düsteren Augen leuchteten plötzlich, während sie Musik machten – eine Musik, so überraschend seltsam, dass man direkt Lust bekam, zu tanzen und bald zu weinen und manchmal beides auf einmal, und dass man verrückt würde, wenn man allzu lange zuhörte. Der eine schien, während er seinen Bogen über die Geige strich, von einem Kummer erzählen zu wollen, und der andere, der seinen kleinen Hammer über die Saiten eines kleinen Klaviers hüpfen ließ, das ihm an einem Riemen um den Hals hing, sah dabei aus, als machte er sich über die Klage seines Nachbarn lustig, während der dritte von Zeit zu Zeit mit ungewöhnlicher Heftigkeit seine Zimbeln schlug.

Sie waren so zufrieden mit sich, dass sie noch fortfuhren mit ihren wilden Weisen, als sich die Menge schon zerstreut hatte. Schließlich haben sie dann ihre Pfennige zusammengesucht, ihr Gepäck auf den Rücken genommen und sind aufgebrochen. Ich wollte wissen, wo sie wohnen, und darum bin ich ihnen mit Abstand nachgegangen bis zum Rande des Waldes; da aber hab ich dann eingesehen, dass sie nirgends wohnten.

Da sagte der eine: ›Sollen wir das Zelt aufspannen?‹

›Ach nein!‹, hat der andere erwidert, ›die Nacht ist so schön!‹

Der dritte überschlug die Einnahmen und sagte: ›Diese Leute hier haben kein Gefühl für Musik, und ihre Frauen tanzen wie die Bären. Gottlob werden wir noch vor Monatsfrist in Österreich sein; da werden wir ein liebenswürdigeres Volk finden.‹

›Wir täten vielleicht besser daran, nach Spanien zu gehen, der Herbst rückt schon vor; wir sollten vor Regen und Nässe fliehen und nichts anderes nass werden lassen als unsere Kehlen‹, sagte einer von den anderen.

Schaut mal, ich habe mir alles gemerkt. Dann haben sie jeder eine Tasse Branntwein getrunken und sind eingeschlafen, die Stirn zum Himmel gewandt, wo die Sterne schienen. Zuerst hatte ich Lust, sie zu bitten, mich mitzunehmen und mich zu lehren, ihre Instrumente zu spielen; ich hab es aber nicht gewagt, wohl auch, weil es immer schwer ist, sich für irgendetwas, wozu auch immer, zu entscheiden, und auch, weil ich Furcht hatte, ich könnte wieder aufgegriffen werden, bevor wir außerhalb Frankreichs sind.«

Die ziemlich teilnahmslosen Mienen der drei anderen Kameraden brachten mich auf den Gedanken, dass der Kleine bereits ein Unverstandener war. Ich blickte ihn aufmerksam an; irgendwie lag in seinem Auge und auf der Stirn eine verhängnisvolle Frühreife, die meist die Sympathie fernhält, und die, ich weiß nicht warum, die meine derart erregte, dass ich einen Augenblick die bizarre Idee hatte, ich könnte vielleicht einen mir unbekannten Bruder haben.

Die Sonne war untergegangen. Überall herrschte Nacht. Die Kinder trennten sich; jedes ging, unbewusst, seiner Bestimmung entgegen, sein Schicksal zu erfüllen, seinem Nächsten ein Ärgernis zu werden oder Ruhm oder Schmach zu ernten.

XXXII.

DER THYRSUS
(Für Franz Liszt)
Le Thyrse (À Franz Liszt)

Was ist ein Thyrsus? Im spirituellen und poetischen Sinne ist es ein kultisches Wahrzeichen in der Hand der Priester und Priesterinnen, welche die Göttlichkeit feiern, deren einzige Künder und Diener sie sind. Aber physisch genommen ist es nur ein Stock, ein einfacher Stock, eine Hopfenstange, ein Rebstock, trocken, hart und gerade. Um diesen Stock spielen und tollen in launischen Mäandern Zweige und Blumen: schlängelnd und flüchtig diese, andere hängend wie Glocken oder umgewandte Kelche. Und ein erstaunlicher Glanz entspringt diesem Gewirr von Linien, von zarten oder prangenden Farben. Möchte man nicht sagen, dass die gebogenen und die spiralenen Linien der geraden den Hof machen und sie in stummer Bewunderung umtanzen? Möchte man nicht sagen, dass all diese zarten Knospen, all diese Kelche, all diese Ausbrüche von Gerüchen und Farben einen mystischen Fandango um den priesterlichen Stab tanzen? Und doch, welcher unvorsichtige Sterbliche würde zu entscheiden wagen, ob die Blumen und die Weinreben für den Stab geschaffen wurden oder ob der Stab nur ein Vorwand ist, die Schönheit der Weinreben und der Blumen zu demonstrieren? Der Thyrsus ist das Symbol Ihrer erstaunlichen Dualität, mächtiger und verehrter Meister, lieber Bacchant der geheimnisvollen und leidenschaftlichen Schönheit. Niemals hat eine vom unbesiegbaren Bacchus verzweifelte Nymphe ihren Thyrsus über die Häupter ihrer tollen Gefährtinnen mit so viel Kraft und Laune geschwungen, wie Sie Ihr Genie über die Herzen Ihrer Mitbrüder wehen lassen. Der Stab ist Ihr Wille, gerade, fest und unerschütterlich; die Blumen sind das Spiel Ihrer Phantasien um Ihren Willen; es ist das Ewig-Weibliche, das um das Männliche seine zauberhaften Pirouetten dreht.

Gerade Linie und Arabeske, Absicht und Ausdruck, Kraft des Willens, Biegsamkeit des Wortes, Einheit des Ziels, Verschiedenheit der Mittel, Allmächtiges und unteilbare Verschmelzung im Genie – welcher Analytiker wird den elenden Mut haben, sie zu trennen?

Lieber Liszt, durch die Nebel, über Flüsse, und über die Städte, wo die Pianos Ihren Ruhm singen und die Buchdruckerkunst Ihre Weisheit übersetzt –, wo auch immer Sie weilen mögen, im Sonnenglanz der ewigen Stadt oder in den Nebeln der träumerischen Länder, denen Gambrinus Trost verleiht, aus Ihnen herausspinnend Gesänge der Labsal oder unausprechlichen Schmerzes oder Ihre dunklen Gedankengänge dem Papier anvertrauend, Sänger der ewigen Wollust und der ewigen Angst, Philosoph, Poet und Künstler: Ich grüße Sie, den Unsterblichen!

XXXIII.

BERAUSCHT EUCH

Enivrez-vous

Man muss immer trunken sein: das ist es. Das ist das ganze Geheimnis; das ist die einzige Frage in diesem Leben. Um die grässliche Last der Zeit nicht zu empfinden, die einem die Schultern zerbricht, uns zu Boden drückt, müssen wir uns unaufhörlich berauschen – unablässig.

Jedoch womit? Mit Wein, mit Poesie oder mit Tugend? Wie es Euch gefällt. Aber berauscht Euch!

Und wenn Ihr eines Tages auf den Stufen eines Palastes, im Grase am Rand eines Straßengrabens, in der dumpfen Einsamkeit eines Zimmers – wenn Ihr erwacht; wenn der Rausch schon schwächer wird oder verweht: Dann fragt den Wind, die Woge oder den Stern, den Vogel fragt, die Turmuhr, alles was flieht, was seufzt, was rollt, was singt, was spricht – fragt nach der Stunde. Und der Wind, die Woge, der Stern, der Vogel, die Uhr, sie werden erwidern: »Es ist die Stunde, sich zu berauschen! Wenn Ihr nicht der gemarterte Sklave der Zeit sein wollt: Berauscht Euch! Berauscht Euch ohne Unterlass! Mit Wein, mit Poesie, mit Tugend: Wie es Euch gefällt!«

XXXIV.

SCHON!

Déjà!

Schon hundert Mal war die Sonne, strahlend oder trüb, aus diesem unendlichen Becken des Meeres aufgestiegen, dessen Ufer man kaum ahnen kann; hundertmal war sie am Abend, gleißend oder matt, in ihr unermessliches Bad zurückgesunken. Seit vielen Tagen konnten wir die andere Küste am Firmament betrachten und das himmlische Alphabet der Antipoden entziffern. Und alle Passagiere stöhnten und murrten. Es war, als ob das Nahen des Festlandes ihr Leiden zur Verzweiflung steigerte. »Wann endlich« – sagten sie – »wann endlich werden wir wieder schlafen, ohne von der See geschaukelt zu werden, vom Winde verwirrt, der lauter schnarcht als wir? Wann werden wir in einem unbewegten Sorgenstuhl verdauen können?«

Da dachten manche an Haus und Herd zurück, sehnten sich nach ihren untreuen und verdrießlichen Frauen, nach ihrer schreihalsigen Brut. Alle waren vom entbehrten Anblick des Festlands so toll geworden, dass sie mit größerer Begeisterung als das Vieh Gras gefressen hätten.

Endlich hieß es Land in Sicht; und als wir näher kamen, sahen wir, dass es ein köstliches, strahlendes Land war. Es war, als stiege von ihm in unbestimmbarem Rauschen die Symphonie des Lebens auf; es schien, als strömten diese Küsten, so reich an Kräutern und Sträuchern aller Art, auf Meilen weit einen berauschenden Hauch von üppigen Blumen und Früchten aus.

Im Nu war jeder vergnügt, die üblen Launen verflogen. Aller Zank war vergessen, alles angetane Unrecht war vergeben; verabredete Duelle wurden aus dem Gedächtnis gestrichen und Tücke, Gram und Groll verflüchtigten sich wie Rauch.

Ich allein war traurig, meine Seele war betrübt bis an den Tod. Einem Priester gleich, dem man seine göttliche Weihe genommen hat, konnte ich mich nicht ohne bedrückende Bitternis von diesem ungeheuerlich verführerischen Meer losreißen, von diesem Meer, das so unendlich verschieden ist und das in seiner beängstigenden Einfachheit und in seinen Spielen, seinem Gehabe, seinem Zorn und seinem Lächeln, die Launen, die Tode und die Ekstasen aller Seelen, die lebten, leben und leben werden, darzustellen und in sich einzuschließen scheint.

Als ich dieser unvergleichlichen Schönheit das Lebewohl zurief, fühlte ich mich wie zu Tode betrübt; und darum, als alle meine Reisegefährten »Endlich!« riefen, konnte ich nur schreien: »Schon!«

Und doch war es Land, das Land mit seinem Lärm, mit seinen Leidenschaften, seinen Bequemlichkeiten, seinen Festen; es war ein reiches und herrliches Land, voll von Verheißungen, das uns ein geheimnisvolles Parfüm von Rosen und Muskat zufächelte, und von dem die Symphonie des Lebens in verliebtem Rauschen ertönte.

XXXV.

DIE FENSTER
Les Fenêtres

Wer von außen durch ein offenes Fenster blickt, sieht nie so viele Dinge, wie der, der auf ein geschlossenes Fenster schaut. Es gibt nichts Tieferes, Geheimnisvolleres, Reicheres, Verhüllteres, Leuchtenderes als ein kerzenerhelltes Fenster. Nie fesselt, was man im Sonnenlicht betrachtet, so sehr wie das, was hinter einer Scheibe geschieht. In diesem schwarzen oder leuchtenden Loch lebt das Leben, träumt das Leben, leidet das Leben.

Über dem Wellenmeer der Dächer, erblicke ich eine reife, schon runzlige, arme Frau, die immer über etwas gebeugt ist und die nie ausgeht. Aus ihrem Gesicht, aus ihrem Kleid, aus ihrer Haltung, aus fast nichts habe ich mir die Geschichte dieser Frau, vielmehr ihre Legende zurechtgelegt, und manchmal erzähle ich sie mir unter Tränen.

Wäre es ein armer alter Mann gewesen, ich hätte mir seine Legende genau so leicht zurechtgelegt.

Und ich lege mich ins Bett, stolz, dass ich in Menschen gelebt und gelitten habe, die anders sind als ich.

Vielleicht werdet ihr sagen: »Seid Ihr denn sicher, dass diese Legende wahr ist?« Kommt es darauf an, ob die außer mir liegende Wirklichkeit nun so oder so ist, wenn sie mir geholfen hat, zu leben, zu fühlen, dass ich bin und was ich bin?

XXXVI.

DIE SEHNSUCHT ZU MALEN
Le Désir de peindre

Unglücklich kann der Mensch sein, aber glücklich der Künstler, den die Sehnsucht zerreißt!

Ich brenne darauf, die zu malen, die mir so selten erschien und die so schnell entfloh, wie dem in die Nacht fortgetragenen Reisenden ein Ding seines Begehrens. Wie lange schon entschwand sie.

Sie ist schön, und mehr als schön; sie ist die Überraschung. Schwarz flutet aus ihr alles, und was sie einflößt, ist nächtig und tief. Ihre Augen sind Schluchten, in denen das Geheimnis unergründlich funkelt, und ihr Blick flammt auf wie der Blitz: er ist eine Lichtgarbe aus tiefer Dunkelheit.

Eine schwarze Sonne ist sie, sofern man das fassen könnte. Ein schwarzer Stern, der Licht und Glück ausgießt. Aber noch mehr erinnert sie an den Mond; der sie gewiss mit seinem schrecklichen Einfluss begabte; nicht der Silbermond der Idyllen, der einer kühlen Braut gleicht, sondern der finstere, betäubende Mond, der in einer Sturmnacht hängt und von den jagenden Wolken gestoßen wird. Nicht der friedliche und verschwiegene Mond, der den Schlaf reiner Menschen belauscht, sondern der vom Himmel gerissene, der besiegte, aufrührerische Mond, den die thessalischen Hexen nötigen, auf den entsetzten Gräsern zu tanzen …

In ihrer kleinen Stirn wohnen der hartnäckige Wille und die Beutegier. Und doch: inmitten dieses beängstigenden Gesichts, wo bewegliche Nüstern das Unbekannte, das Unmögliche einsaugen, lacht in unbeschreiblichem Reiz, rot und weiß, ein großer entzückender Mund, der vom Wunder einer herrlichen, auf vulkanischem Grund erblühten Blume träumen lässt. Es gibt Frauen, die die Lust aufrütteln, sie zu besiegen und zu besitzen; doch diese rüttelt die Lust auf, langsam unter ihrem Blick zu sterben.

XXXVII.

DIE WOHLTATEN DES MONDES

Les Bienfaits de la lune

Luna, die Mondgöttin – sie ist die Laune selbst – blickte durchs Fenster, als du in deiner Wiege schliefst, und sagte sich: »Dies Kind gefällt mir gar wohl.«

Und weichen Tritts stieg sie die Wolkenleiter hinunter, kam lautlos herein, legte sich auf dich, mit der schmiegsamen Zärtlichkeit einer Mutter, und gab ihre Farben deinem Gesicht. Darum sind deine Augensterne grün, darum sind deine Wangen so ungewöhnlich blass geblieben. Als du diese Besucherin sahst, sind deine Augen so unglaublich groß geworden; und so zärtlich hat sie die Hand um deine Kehle gepresst, dass dich zeitlebens Lust zu weinen ankam.

Luna indes, in Wollust wachsend und schwellend, erfüllte die ganze Kammer mit Phosphorluft, wie ein gleißendes Gift; und all dies lebendige Gleißen dachte und sprach: »Du sollst auf ewig die Wirkung meines Kusses spüren. Du wirst schön sein nach meiner Art. Du wirst lieben, was ich liebe und was mich liebt: das Wasser, die Wolken, die Stille und die Nacht; das unermessliche und grüne Meer; das ungeformte, formenreiche Wasser; die Stätte, wo du nicht sein wirst; den Liebsten, den du nicht kennen wirst; die ungeheuerlichen Blumen; die taumelschwangeren Düfte; die Katzen, die auf den Pianos fast ersterben und stöhnen wie die Frauen, mit einer rauen und doch so sanften Stimme!

Und du wirst von meinen Liebsten geliebt, und meine Anbeter sollen dich anbeten. Du wirst die Königin der Menschen mit den grünen Augen sein, deren Kehlen ich ebenso umschließe in meinen nächtlichen Zärtlichkeiten; derjenigen, die das Meer lieben, das unermessliche, das stürmische, grüne Meer, das Wasser, ungeformt, so reich an Formen, die Stätten, wo sie nicht sind, die Frau, die sie nicht kennen, die unheildüsteren Blumen, den Weihrauchbecken eines unbekannten

Gottesdienstes vergleichbar, die Düfte, die den Willen wirren, und jene wollüstigen wilden Tiere, die Wappenschilde ihres Wahnsinns.«

Und darum, verruchtes, liebes, verwöhntes Kind, liege ich zu deinen Füßen und suche in deinem ganzen Wesen den Widerschein der gefährlichen Gottheit, der Schicksalspatin mit weissagender Seele, der vergiftenden Amme aller *Mondsüchtigen.*

XXXVIII.

WELCHE IST DIE WAHRE?

Laquelle est la vraie

Ich habe eine gewisse Bénédicta gekannt, die erfüllte ihre Umgebung mit ihren Idealen, und ihre Augen strahlten vor Sehnsucht nach Größe, Schönheit, Ruhm – nach allem, was den Glauben an die Unsterblichkeit befestigt.

Doch dieses wundersame Mädchen war zu schön, um lange zu leben; so ist sie denn gestorben, einige Tage nachdem ich ihre Bekanntschaft gemacht hatte; ich selber habe sie begraben, an einem Tag, an dem der Frühling sein Weihrauchfass bis in die Leichenhügel schwenkte. Ich wars, ich habe sie begraben, wohlverschlossen in einem Sarg von duftigem Holz, unverweslich wie die Truhen Indiens.

Und da meine Blicke auf die Stätte gehaftet blieben, wo nun mein Kostbarstes entschwunden war, bemerkte ich plötzlich ein kleines weibliches Wesen, das der Verblichenen verblüffend genau glich; es stampfte und strampelte mit einer hysterisch-bizarren Gewaltsamkeit auf der frischen Erde herum und sagte unter Lachen: »Ich bins, ich bin die wahre Bénédicta! Ich bin es, eine ganz ausgepichte Göre! Und zur Strafe für deine Blöd- und Blindheit sollst du mich lieben, so wie ich bin!«

Ich habe wütend erwidert: »Nein, nein, nein!« Und um meiner Weigerung Nachdruck zu geben, hab ich meinen Fuß so heftig auf die frische Erde gestampft, dass mein Bein bis zum Knie in der Grabeserde versank, wobei ich – wie ein Wolf, der in eine zuschnappende Eisenfalle geraten war – nun vielleicht für immer und ewig an das Grab des Ideals gefesselt bleiben muss.

XXXIX.

EIN VOLLBLUT
Un Cheval de race

Sie ist echt hässlich. Sie ist trotzdem bezaubernd!

Die Jahre und die Liebe haben sie mit ihren Krallen gezeichnet und grausam belehrt, wie viel an Jugend und Frische jeder Kuss mit sich nimmt.

Sie ist wahrlich hässlich. Sie ist eine Ameise, eine Spinne, ja sogar, wenn Sie wollen, ein Skelett; aber sie ist auch Heilmittel, Lehrerin, Zauberin! Kurzum, sie ist *etwas ganz Besonderes.*

Die Jahre haben der prickelnden Harmonie ihres Ganges und der unzerstörbaren Eleganz ihres Auftritts nichts anhaben können. Die Liebe hat die Lieblichkeit ihres kindlichen Hauches nicht verändert; und nichts hat ihr die Zeit von ihrem übervollen Haargewirr entrissen, daraus in fahlroten Düften die ganze höllenheiße Lebenskraft Südfrankreichs haucht: Nîmes, Aix, Arles, Avignon, Narbonne, Toulouse, Städte, von der Sonne gesegnet, der Liebe und vieler Reize voll!

Vergebens bissen sich mit schönen Zähnen die Zeit und die Liebe an ihr fest; nichts haben sie dem flüchtig feinen und dennoch ewigen Reiz ihrer knabenhaften Brust genommen.

Vielleicht etwas mitgenommen, doch dennoch nicht ermüdet, stets heldenhaft, erinnert sie an jene Rassepferde, die der Blick des wahren Liebhabers selbst noch vor einer Mietkutsche oder einem schweren Karren wiedererkennt.

Und dann ist sie so weich und so voll Inbrunst! Sie liebt, wie man in Herbstmonaten liebt; es ist, als entzünde sich vor dem nahenden Winter in ihrem Herzen ein neues Feuer, und dienstbereit in ihrer Zärtlichkeit, ist sie nie ermüdend.

XL.

DER SPIEGEL
Le Miroir

Ein abschreckend hässlicher Mensch tritt ein und schaut in den Spiegel.

»Warum sehen Sie in den Spiegel, wenn Sie doch nur mit gewissem Missbehagen hineinblicken können?«

Der hässliche Mensch erwidert: »Monsieur, nach den unsterblichen Prinzipien von 1789 sind alle Menschen gleich in ihren Rechten; also besitze ich das Recht, mich zu bespiegeln; ob mit Behagen oder Missbehagen, geht einzig mein Gewissen an.«

Im Namen des gesunden Menschenverstandes hatte ich ohne Zweifel recht; doch vom Gesichtspunkte des Gesetzes aus hatte er nicht unrecht.

XLI.

DER HAFEN

Le Port

Für eine im Lebenskampf ermüdete Seele ist ein Hafen ein reizvoller Aufenthalt. Die satte, weiche Weite des Himmels, die leicht beweglichen Architekturen der Wolken, die wechselnden Färbungen des Meeres, das Funkeln der Leuchttürme – das alles erzeugt ein Prisma, wunderbar geeignet, die Augen zu erfreuen, ohne je zu langweilen. Die hochstrebenden Gestalten der Schiffe mit ihrer komplizierten Takelage, die im Wogengang harmonisch schwanken, müssen in der Seele den Hang zu Rhythmus und Schönheit erwecken. Und dann vor allem liegt für jemanden, den nicht Neugier noch Ehrgeiz mehr treiben, so etwas wie ein geheimnisvolles, aristokratisches Pläsier darin, auf der Terrasse zu liegen, den Ellenbogen auf das Wehr gelehnt, all das Tun und Treiben zu betrachten: derer, die abreisen, und derer, die heimkehren, und derer, die noch die Kraft zum Wollen haben – das Verlangen, zu reisen und sich zu bereichern.

XLII.

ANSICHTEN DER GELIEBTEN
Portraits de maîtresses

In der Bibliothek, also im Rauchzimmer eines eleganten Spielclubs rauchten und tranken vier Männer. Sie waren weder jung noch alt, weder schön noch hässlich; aber egal ob nun alt oder jung, sie zeigten die unverkennbaren Spuren der Lebemänner-Morbidezza, jene kalte und spottsüchtige Tristesse, die deutlich sagt: »Wir haben gelebt und suchen nun, ob es für uns noch etwas zu lieben und zu wünschen gibt.«

Der erste brachte das Gespräch auf die Frauen. Es wäre philosophischer gewesen, gar nicht erst davon anzufangen; doch es gibt geistvolle Leute, die, wenn sie getrunken haben, banale Unterhaltungen nicht verschmähen. Dann hört man den Redenden zu, wie man einer Tanzmusik zuhört.

»Alle Männer« – so begann dieser – »waren einmal im Cherubim-Alter. Das ist die Zeit, da man mangels Dryaden ohne Widerwillen Eichenstämme umarmt. Das ist die erste Stufe der Liebe. Auf der zweiten Stufe wird man wählerisch. Zögern zu können, ist schon Dekadenz. Danach sucht man die Schönheit. Ich meinerseits, Messieurs, rühme mich, seit langem in der Jahreszeit der dritten Stufe angelangt zu sein, in der selbst Schönheit nicht mehr genügt, wenn sie nicht von Parfüm, vom Schmuck, von der Kleidung und weiterem Raffinement gewürzt wird. Ich gebe sogar zu, dass ich zu unbekanntem Glück, zu einer vierten Stufe strebe, welche die absolute Ruhe bedeuten muss. Mein ganzes Leben lang – das Cherubim-Alter ausgenommen – war ich gegenüber der enervierenden Dummheit und irritierenden Mittelmäßigkeit der Frauen empfindlicher als andere. Was ich an Tieren so liebe, ist ihre Arglosigkeit. Urteilen Sie selbst, was ich von meiner letzten Geliebten auszuhalten hatte.

Sie war das illegitime Kind eines Prinzen. Natürlich war sie schön, hätte ich sie sonst genommen? Doch sie verdarb diese große Eigenschaft durch einen hässlichen Ehrgeiz, der sie nicht kleidete. Sie war die Frau, die ewig den Mann spielen wollte. ›Sie sind kein Mann! Ah! Wenn ich ein Mann wäre! Von uns beiden bin ich der Mann!‹ Diese unerträglichen Refrains kamen aus einem Munde, dem nach meinem Willen nur liebliche Lieder hätten entschweben sollen. Ließ ich mich in Bewunderung für ein Buch, ein Gedicht, eine Oper zu einem Lob hinreißen, sagte sie: ›Halten Sie das etwa für stark? Verstehen Sie überhaupt etwas davon?‹ Und sie begann zu kritisieren …

Eines schönen Tages hatte sie sich auf die Chemie geworfen; so dass ich nun zwischen meinem und ihrem Munde eine Glasmaske fand. Bei alledem war sie auch noch prüde. Wenn ich sie in der Liebe etwas fester anfasste, tat sie wie ein vergewaltigtes Sensibelchen.«

»Und wie ist das ausgegangen?«, fragte einer der anderen. »Ich habe Sie nicht für so geduldig gehalten.«

»Gott« – erwiderte er – »legte das Heilmittel in das Übel. Eines Tages fand ich diese Minerva, die so nach Vergeistigung hungerte, in vertraulicher Zweisamkeit mit meinem Diener, und zwar in einer Situation, die mich zwang, mich diskret zurückzuziehen, um sie nicht schamrot zu machen. Den Abend zahlte ich ihnen ihren vollen Lohn aus und verabschiedete alle beide.«

»Ich meinerseits« – begann der Unterbrecher wieder – »kann mich nur über mich selbst beklagen. Das Glück kam, und ich habe es nicht erkannt. Das Schicksal hatte mir den Genuss einer Frau geschenkt, die das sanfteste, ergebenste, unterwürfigste Geschöpf der Erde war, und immer bereit! Und ohne Enthusiasmus! – Als Antwort kam: ›Gern, wenn es Ihnen Vergnügen macht.‹ – Wenn Sie auf diese Mauer oder auf dieses Sofa mit aller Kraft einschlügen, würden Sie mehr Seufzer entlocken, als die Stürme heftigster Leidenschaft dem Busen meiner Geliebten je entlocken konnten. Nach einem Jahr des Zusammenlebens versicherte sie mir, sie habe bei mir nie die Wollust kennengelernt. Ich war angewidert von diesem ungleichen Kampf, und dies einzigartige Mädchen verheiratete sich. Später überkam mich die Laune, sie wiederzusehen; und sie zeigte mir sechs schöne Kinder und sagte: ›Also, mein Freund, die Ehefrau ist noch so jungfräulich, wie es damals die Geliebte war.‹ Nichts hatte sich geändert. Bisweilen bereue ich: Ich hätte sie heiraten sollen.«

Die andern lachten, und nun sprach der dritte:

»Ich, Messieurs, habe Freuden gekannt, die Sie vielleicht vernachlässigt haben. Ich meine die Komik in der Liebe, und zwar Komik, die die Bewunderung nicht ausschließt. Ich habe meine letzte Geliebte mehr bewundert, als Sie, glaube ich, ihre gehasst oder geliebt haben. Und alle Welt bewunderte sie gerade so sehr wie ich. Wenn wir ein Restaurant betraten, vergaßen alle nach wenigen Minuten das Essen – um ihr zuzusehen. Selbst die Kellner und die Chefin am Büfett spürten diese ansteckende Ekstase so sehr, dass sie ihre Pflichten vernachlässigten. Kurzum, ich habe eine Zeit mit einem lebenden Phänomen gelebt. Sie aß, kaute, malmte, schlang, stopfte in sich rein, und immer mit dem selbstverständlichsten, sorglosesten Gesicht der Welt. Lange hat es mich in Bewunderung gehalten. Sie hatte so eine sanfte, träumerische, englische und romantische Art zu sagen: ‚Ich habe Hunger!‘ Und sie wiederholte diese Worte Tag und Nacht und zeigte dabei die reizendsten Zähne der Welt. Ich hätte reich werden können, wenn ich sie auf den Jahrmärkten als monströsen Vielfraß vorgeführt hätte. Ich ernährte sie gut; und dennoch hat sie mich verlassen …«

»Gewiss für einen Lebensmittellieferanten?«

»So etwas Ähnliches – für eine Art Intendantur-Beamten, der dem armen Kind die Rationen für mehrere Soldaten lieferte. Wenn ichs recht verstanden habe.«

»Ich« – sprach der vierte – »habe grausame Qualen erlitten durch das Gegenteil von dem, was man gewöhnlich am weiblichen Egoismus auszusetzen hat. Wenn Sie an eine gewisse Frau meiner Bekanntschaft gefesselt gewesen wären, Sie wären entweder davongerannt oder gestorben. Ich – ich habe überlebt, wie Sie sehen. Stellen Sie sich ein Menschenkind vor, unfähig, im Gefühls- oder im Verstandesleben je zu irren; denken Sie sich eine zur Verzweiflung bringende stille, stetige Ungetrübtheit des Charakters; eine Ergebenheit ohne Komödie und ohne Emphase; eine Sanftmut ohne Schwäche; eine Energie ohne Heftigkeit. Die Geschichte meiner Liebe gleicht einer endlosen Fahrt auf einer reinen, spiegelblanken Fläche von schwindelerregender Eintönigkeit, einer Fläche, die alle meine Empfindungen und Bewegungen mit der ironischen Exaktheit meines eigenen Gewissens widergespiegelt hätte, so dass ich mir also nicht *eine unvernünftige* Bewegung oder Empfindung gestatten durfte, ohne sogleich den stummen Vorwurf meines unzertrennlichen Gespenstes zu gewahren. Die Liebe erschien mir wie ein Vormundschaftsverhältnis. Welche Dummheiten hat sie mich auszuführen verhindert, die nicht begangen zu haben ich bedaure! Wie viele Schulden zahlt ich wider Willen! Sie beraubte mich aller Segnungen, die meine persönliche launische Veranlagung mir hätte zukommen lassen können. Mit einer kühlen, unüberschreitbaren Regel verbaute sie mir all meine Capricen. Und das Grässlichste war: Sie verlangte keinerlei Erkenntlichkeit, wenn die Gefahr vorüber war. Wie oft hab ich mich zurückgehalten, um ihr nicht an die Gurgel zu fahren und sie anzuschreien: ›Sei doch unvollkommen, Elende! Damit ich dich ohne Zorn und Bosheit lieben kann!‹ In all den Jahren hab ich sie bewundert, das Herz von Hass erfüllt. Schließlich – *ich* bins *nicht*, der an diesem Verhältnis zugrunde ging!«

»Ah!« – machten die andern – »*sie* ist also gestorben?«

»Ja! Das konnte so nicht weitergehen. Die Liebe war für mich ein erdrückender Alb geworden. Siegen oder sterben, wie die Politik sagt, das war die Alternative, vor die das Schicksal mich stellte! Eines Abends, in einem Gehölz … am Ufer eines Sumpfes … nach einem trübseligen Spaziergang, währenddessen *sie* in ihren Augen die Melancholie des Himmels widerstrahlte und *mir* das Herz verzerrt war wie die Hölle.«

»Was!«

»Wie!«

»Was wollen Sie sagen?«

»Es war unvermeidlich. Ich habe ein zu starkes Gefühl für Gerechtigkeit, um einen untadeligen Diener zu schlagen, zu beleidigen oder fortzujagen. Doch hieß es dies Gefühl mit dem Schrecken, den dieses Wesen mir einflößte, in Einklang zu bringen; mich freizumachen von diesem Wesen, und dennoch den Respekt ihm gegenüber zu wahren. Was, meinen Sie, hätte ich denn mit ihr machen sollen, da sie *vollkommen* war?«

Die drei Gefährten blickten den Sprecher mit großen, schwimmenden, ein wenig dummen Blicken an, als begriffen sie nicht recht, oder als wollten sie stillschweigend versichern, dass sie sich ihrerseits einer solch rigorosen, obgleich übrigens ausreichend erklärten Handlungsweise denn doch nicht fähig fühlten.

Dann ließ man neue Flaschen bringen, um die Zeit totzuschlagen, die das Leben so schwer macht, und um das Leben zu beschleunigen, das so langsam, gar so langsam dahinfließt.

XLIII.

DER GALANTE SCHÜTZE

Le Galant Tireur

Als der Wagen durch den Bois fuhr, ließ er ihn in der Nähe einer Schießbude halten und sagte, dass es ihm Spaß machen würde, einige Kugeln zu verschießen, um die Zeit totzuschlagen. Ist das Totschlagen dieses Ungeheuers nicht die üblichste und rechtmäßigste Beschäftigung eines jeden? Und galant bot er seiner lieben, köstlichen unausstehlichen Frau den Arm, der er so viele Freuden verdankt, so viele Schmerzen und vielleicht gar ein Gutteil seines Genies.

Viele Kugeln schlugen weit neben dem Ziel ein; eine bohrte sich sogar in die Decke; und da die charmante Kreatur wie närrisch lachte und über die Ungeschicklichkeit ihres Gatten spottete, wandte der sich jäh zu ihr und sagte: »Gib mal auf diese Puppe acht, da unten rechts, die mit so erhabener Miene die Nase in die Luft reckt. Nun wohl, teurer Engel, *ich stelle mir vor, das seist du.*« Und er schloss die Augen und drückte ab. Die Puppe war glatt geköpft.

Da verneigte er sich vor seiner lieben, seiner teuren und entzückenden, vor seiner abscheulichen Frau, seiner unvermeidlichen und mitleidlosen Muse, küsste ihr ergeben die Hand und sprach: »Ach, mein Engel, wie dank ich dir für meine Geschicklichkeit!«

XLIV.

DIE SUPPE UND DIE WOLKEN
La Soupe et les Nuages

Meine kleine närrische Vielgeliebte trug mir das Mittagessen auf, und durch das offene Fenster des Esszimmers betrachtete ich die bewegten Architekturen, die Gott aus Wolkendünsten erbaut, diese unberührbaren wundervollen Konstruktionen. Ich betrachtete sie und sprach zu mir: »All diese phantastischen Gaukelbilder dort sind fast so schön wie die Augen meiner schönen Vielgeliebten, wie dieses kleine Ungetüm, die süße Närrin mit den grünen Augen.«

Und plötzlich erhielt ich einen heftigen Faustschlag in den Rücken, und ich hörte eine Stimme, rauh und charmant, eine Stimme, hysterisch und wie heiser vom Branntwein; die sagte: »Nun iss deine Suppe, du verflicktes Armloch von einem Wolkenhändler.«

XLV.

DER SCHIESSPLATZ UND DER FRIEDHOF

Le Tir et le Cimetière

SCHENKE
zur Friedhofs-Aussicht

»Seltsame Bezeichnung« – sagt sich unser Spaziergänger – »aber wie geschaffen, um einen durstig zu machen! Ganz ohne Zweifel: der Besitzer dieser Schänke versteht Horaz und die Dichterschule des Epikur zu würdigen. Am Ende ist ihm gar das tiefe Raffinement der alten Ägypter bekannt, für die es kein rechtes Fest gab ohne Skelett oder Sinnbild für die Kürze des Lebens.«

Und er trat ein, trank angesichts der Leichenhügel ein Glas Bier und rauchte gemächlich eine Zigarre. Und dann überkam ihn die Laune, einmal hinabzugehen in diesen Friedhof, darin das Gras so hoch und lockend stand und wo so satt die Sonne schien.

In der Tat: es quoll über vor lauter Licht und Wärme; es war, als wälzte sich die Sonne berauscht in ihrer ganzen Länge auf einem Teppich wundervoller böser Blumen, die strotzten von der Nährkraft der Verwesung. Ein unermessliches Brausen von Leben erfüllte die Luft – das Leben des unendlich Kleinen war es –, in regelmäßigen Abständen gleichsam durchschnitten vom Geknall der Gewehrschüsse auf einem benachbarten Schießstand, die da hineinplatzten wie das Schnalzen von Champagnerpfropfen in das Gesumme einer abgedämpften Symphonie.

Und da – unter der Sonne, die ihm das Gehirn erhitzte, und in der Atmosphäre der brennenden Düfte des Todes – vernahm er das Geflüster einer Stimme unter dem Grabhügel, auf dem er saß. Und diese Stimme sprach: »Verflucht seien eure Schießscheiben und eure Gewehre, ihr rastlos Lebenden, die ihr um die Verstorbenen und ihre göttliche Ruhe so gar nichts gebt! Verflucht sei euer ehrgeizbesessenes

Streben, verflucht eure Berechnungen, ihr Sterblichen voller Ungeduld, die ihr hierherkommt, um die Kunst des Tötens zu lernen neben dem geweihten Orte des Todes! Wüsstet ihr, wie leicht der Preis zu gewinnen, wie leicht das Ziel zu erreichen ist, und wie alles nichts ist außer dem Tod, ihr würdet euch nicht damit quälen, ihr arbeitstollen Lebenden, und weniger oft würdet ihr den Schlummer derer stören, die schon lange das Ziel getroffen haben, das einzig wahre Ziel dieses abscheulichen Lebens!«

XLVI.

DER VERLORENE HEILIGENSCHEIN

Perte d'auréole

»Wie? Sie hier, mein Lieber? Sie an so einem verrufenen Ort?! Sie, der Quintessenzen-Schlürfer, der Ambrosia-Esser! Wahrhaftig! Sie setzen mich in Erstaunen.«

»Mein Lieber, Sie kennen meine Angst vorm Straßenverkehr. Eben, als ich hastig den Boulevard überquerte und über die Pfützen hüpfte, quer durch dies aggressive Chaos, wo der Tod von allen Seiten gleichzeitig auf mich zurast, ist mir mein Heiligenschein bei einer scharfen Bewegung vom Kopf in den Schmutz der Straße geflogen. Ich hatte nicht den Mut, ihn aufzuheben. Mir schien es weniger schlimm, meine Insignien zu verlieren, als mir die Knochen zerbrechen zu lassen. Und dann hab ich mir gesagt: Zu etwas ist ein Unglück immer gut. Nun kann ich inkognito umher spazieren, kann niedere Handlungen begehen und mich gemeinmachen mit gemeinem Volke, ganz wie ein ganz gewöhnlicher Sterblicher. Und also: da bin ich, genau wie Sie selber auch, wie Sie wohl sehen.«

»Sie sollten den Verlust dieser Aureole zum Mindesten durch Anschlag bekannt geben oder durch den Polizeikommissar danach forschen lassen.«

»Das werde ich schön bleiben lassen. Ich fühle mich hier ganz wohl. Nur Sie allein haben mich erkannt. Übrigens langweilt mich die hohe Würde. Und schließlich macht mir der Gedanke Spaß, dass irgendein schlechter Poet sie aufheben und sich schamlos auf den Schädel stülpen wird. Jemanden glücklich zu machen – welch eine Freude! Und vor allem, wenn mir der Glückliche Stoff zum Lachen verschaffen wird! Denken Sie an X, oder an Z! Herrgott, wie drollig wird das dann!«

XLVII.

MISS SKALPELL
Mademoiselle Bistouri

Als ich im Scheine der Gaslaternen an den äußersten Rand der Vorstadt kam, fühlte ich einen Arm, der sich mit sanfter Bewegung unter den meinen schob, und hörte eine Stimme in mein Ohr flüstern: »Sie sind Arzt, Monsieur?«

Ich blickte auf: Es war eine große, robuste junge Frau mit weit offenen Augen, leicht geschminkt, die Haare flatterten mit den Schleifen ihres Hutes im Wind.

»Nein, ich bin kein Arzt. Lassen Sie mich gehen.«

»O doch! Sie sind Arzt. Ich sehe es wohl. Kommen Sie mit mir. Sie werden sehr zufrieden mit mir sein; los gehts!«

»Natürlich komme ich, aber später, *nach dem Arzt*, ach zum Teufel! ...«

»Ah, ah!« – machte sie, mir immer noch am Arme hängend, und brach in Gelächter aus – »Sie sind ein spaßiger Arzt; ich habe mehrere von ihrer Art gekannt. Kommen Sie.«

Ich liebe das Mysteriöse leidenschaftlich, da ich immer die Hoffnung habe, es zu entwirren. So ließ ich mich denn von dieser Gefährtin, oder besser: diesem unverhofften Rätsel, mitziehen.

Ich schenke mir die Beschreibung der Behausung; man kann sie bei mehreren wohlbekannten altfranzösischen Dichtern finden. Allein ein Detail, das Régnier nicht bemerkt hat: zwei oder drei Porträts berühmter Ärzte waren an den Wänden aufgehängt.

Wie wurde ich verhätschelt! Ein warmes Feuer, heißer Wein, Zigarren; und während sie mir all die guten Dinge bot und sich selbst eine Zigarre anzündete, sagte das närrische Geschöpf zu mir: »Tun Sie, als wenn Sie zu Hause wären, mein Freund; machen Sie sichs bequem. Das wird Sie an das Hospital und an die schönen Zeiten der Jugend erinnern. – Ach sieh, wo haben Sie sich denn diese weißen Haare geholt?

So waren Sie damals noch nicht, es ist noch nicht gar so lange her, als Sie Interner waren bei L. … Ich erinnere mich, dass Sie immer bei den schweren Operationen assistierten. Das ist ein Mann! Er liebt es, mit dem Messer ins Fleisch zu gehen, und trennt und schlitzt und schneidet! Und Sie reichten ihm die Instrumente, die Seidenfäden und die Schwämme. Und wenn die Operation beendet war – wie stolz er dann mit einem Blick auf seine Taschenuhr sagte: ›Fünf Minuten, meine Herren!‹ – Ich gehe überallhin. Ich kenne diese Herren gut.«

Einige Augenblicke später, als sie mich duzte, nahm sie ihre alte Idee wieder auf und sagte zu mir: »Du bist Arzt, ist es nicht so, mein Kater?«

Bei dieser unverständlichen Litanei sprang ich auf die Beine, »Nein!« sagte ich wütend.

»Dann also Chirurg?«

»Nein, nein, es sei denn, um dir den Kopf abzuschneiden!« Ich setzte einen kräftigen Fluch dazu.

»Warte«, begann sie wieder, »du wirst sehen.«

Und sie zog aus einem Schrank einen Stoß Papiere: Es war nichts anderes als die Sammlung der Porträts berühmter Mediziner unserer Zeit, von Maurin lithographiert, die man mehrere Jahre lang auf dem Quai Voltaire hat ausliegen sehen.

»Hier! Erkennst du den?«

»Ja; es ist X. Der Name steht übrigens drunter; aber ich kenne ihn persönlich.«

»Das weiß ich wohl! Hier, das ist Z., derselbe, der in seinem Kolleg über X. den Ausdruck gebrauchte: ›Dieses Ungeheuer, das schon im Gesichte die Schwärze seiner Seele zeigt!‹ Und das alles nur, weil der andere in einer Angelegenheit mit ihm nicht einer Meinung war. Wie hat man damals in der Hochschule darüber gelacht! Du erinnerst dich? – Hier: K., der dem Gouvernement die Aufständischen angab, die er in seinem Hospitale pflegte. Das war in der Zeit der Meutereien. Wie ist es nur möglich, dass ein so schöner Mann so wenig

Herz hat?! – Das hier ist W., ein namhafter englischer Arzt; ich habe ihn auf seiner Reise nach Paris erwischt. Er sieht aus wie ein Mädel, was?«

Und da ich an ein verschnürtes Paket rührte, das gleichfalls auf dem Tischchen lag, so sprach sie: »Warte ein wenig; das da sind die Internen, und dies Paket hier sind die Externen.«

Und fächerförmig breitete sie eine Menge Photographien aus, die wesentlich jüngere Gesichter wiedergaben.

»Wenn wir uns wiedersehen, gibst du mir dein Porträt, nicht wahr, Schatz?«

»Aber« – sagte ich, auch meinerseits auf meiner fixen Idee bestehend – »warum hältst du mich denn für einen Arzt?«

»Weil du so nett bist und so gut zu den Frauen!«

»Seltsame Logik!«, sagte ich zu mir selbst.

»Oh, darin täusche ich mich nie; ich habe eine Menge gekannt. Ich liebe diese Herren so sehr, dass ich zuweilen, obwohl ich nicht krank bin, zu ihnen gehe, bloß um sie zu sehen. Manche sagen kühl zu mir: ›Sie sind überhaupt nicht krank!‹ Aber andere, die verstehen mich, weil ich ihnen Avancen mache.«

»Und wenn sie dich nicht verstehen …?«

»Was weiter! Da ich sie *unnütz* bemühte, so lasse ich zehn Franken auf dem Kamin. – Sie sind so gut und so sanft, diese Männer! – Ich habe in der *Pitié* einen kleinen Internen entdeckt; er ist so hübsch wie ein Engel, und er ist fein! Und er arbeitet, der arme Junge! Seine Kameraden haben mir gesagt, dass er keinen roten Heller hat, weil seine Eltern arme Leute sind, die ihm nichts schicken können. Das hat mir Vertrauen gegeben. Alles in allem bin ich doch noch ein ziemlich hübsches Weib, wenn auch nicht mehr übermäßig jung. Ich habe zu ihm gesagt: ›Besuch mich, besuch mich nur oft. Und bei mir brauchst du dich nicht zu genieren; Geld hab ich nicht nötig.‹ Aber du begreifst wohl, dass ich ihm das auf tausenderlei Art zu verstehen gegeben habe; ich hab es ihm nicht geradeheraus gesagt; ich hatte solche Angst, ihn zu beschämen, den lieben Kerl! – Ach hör mal, kannst du dir denken, dass ich einen ganz närrischen Wunsch habe, den ich ihm nicht zu sagen wage? – Ich wünschte, er würde mich einmal besuchen mit seiner Instrumententasche und seiner Schürze, und es müsste sogar ein wenig Blut daran sein.«

Sie sagte das in völlig keuscher Art, wie ein empfindsamer Mensch zu einer geliebten Schauspielerin sagen würde: ›Ich möchte dich in dem Kostüme sehen, das du in jener berühmten, von dir kreierten Rolle getragen hast.‹

Ich aber fuhr hartnäckig fort: »Kannst du dich an die Zeit und die Gelegenheit erinnern, wo diese seltsame Leidenschaft in dir erwacht ist?«

Ich hatte Mühe, mich ihr verständlich zu machen; endlich gelang es mir. Da aber antwortete sie mir sehr traurig und, soviel ich mich entsinnen kann, mit weggewandten Blicken: »Ich weiß nicht … ich erinnere mich nicht.«

Welche Seltsamkeiten findet man nicht in einer großen Stadt, wenn man spazieren zu gehen und zu betrachten versteht! Das Leben wimmelt von unschuldigen Ungeheuern. – Herr, mein Gott! Du, der Schöpfer, Du, der Meister; der Du das Gesetz gemacht hast und die Freiheit; Du, der König, der alles geschehen läßt, Du, der Richter, der Verzeihung übt; Du, reich an Beweggründen und an Ursachen, der Du vielleicht in meinem Geist den Hang zum Grauen legtest, um mein Herz zu bekehren, wie Du die Heilung in die Spitze eines Messers legtest: Herr, erbarme Dich, erbarme Dich der Närrinnen und Narren! O Schöpfer, kann es denn Ungeheuer in dessen Augen geben, der einzig weiß, warum sie überhaupt sind? Warum sie so geworden sind? Oder warum sie *nicht* so hätten werden können?

XLVIII.

ÜBERALL – NUR NICHT IN DIESER WELT

Anywhere out of the World

N'importe où hors du monde

Das Leben ist ein Krankenhaus, in dem jeder Kranker besessen davon ist, das Bett zu wechseln. Der eine möchte am Ofen leiden, der andere glaubt, er würde am Fenster geheilt.

Mir scheint, dass ich am liebsten immer dort sein möchte, wo ich nicht bin. Diese Umzugsfrage diskutiere ich pausenlos mit meiner Seele.

»Sag mal, meine Seele, meine arme, erkältete Seele, was hältst du davon, in Lissabon zu wohnen? Es muss dort warm sein, und du würdest dann wieder munter werden wie eine Eidechse. Diese Stadt liegt am Meer; es heißt, sie sei ganz aus Marmor erbaut; ihre Einwohner haben eine solche Abneigung gegen Pflanzen, dass es nicht einmal Bäume in der Stadt gibt. Das ist doch ganz nach deinem Geschmack: Eine Landschaft aus Licht, Stein und Wasser, um sie widerzuspiegeln.«

Meine Seele gibt keine Antwort.

»Da du die Ruhe so liebst, dabei mit dem Schauspiel von der Bewegung: Wie wärs, in Holland zu wohnen, in diesem gesegneten Land? Vielleicht erfreut dich die Gegend dort, deren Bilder du so oft in den Museen bewundert hast. Wie wärs mit Rotterdam, wo du die Mastenwälder so liebst wie die Schiffe, die den Häusern zu Füßen ankern?«

Meine Seele bleibt stumm.

»Vielleicht sagt dir Batavia mehr zu? Dort fänden wir den europäischen Geist, vermählt mit tropischer Schönheit .«

Kein Wort. – Ist meine Seele gestorben?

»Bist du denn auf dem Punkte von Erschlaffung angelangt, dass du dich nur noch in deinem Missgeschick wohlfühlst? Wenn dem so ist, lass uns in jene Länder fliehen, die fast gleichbedeutend mit dem Tod sind. – Ich führe unsre Sache, arme Seele! Wir werden unsre Koffer nach Torneo schicken. Lass uns noch weiterziehen, bis an das äußerste Ende des baltischen Meeres; *noch* weiter fort vom Leben, wenns möglich ist: wir wollen uns am Pol einrichten. Dort läuft der Sonne kräuselnd streifendes Licht nie anders als in schrägen Strahlen über das Land, und der langsame Wechsel von Licht und Nacht unterdrückt die Verschiedenheit und vermehrt die Monotonie, die schon das halbe Nichts ist. Dort können wir lange in Dämmernissen baden, während, um uns zu zerstreuen, das Nordlicht von Zeit zu Zeit seine rosenfarbenen Garben schickt, als wärs der Widerschein eines Feuerwerkes der Hölle!«

Endlich brichts aus meiner Seele: »Egal wohin! Ganz egal wohin! Nur weg aus dieser Welt!«

XLIX.

TOD DEN ARMEN!

Assommons les pauvres!

Ich hatte mich zwei Wochen lang in mein Zimmer vergraben und mich mit Büchern vollgestopft, die damals angesagt waren – das ist nun sechzehn oder siebzehn Jahre her – Bücher, die die Kunst lehren, Völker in vierundzwanzig Stunden glücklich, klug und reich zu machen. Ich hatte die Heilsversprechungen dieser Glücksunternehmer gerade erst verdaut – genauer: erst verschlungen –, von denen einige den Armen nahelegen, sich sofort in die Sklaverei zu begeben; und anderen versichern, sie seien alle gestürzte Könige mit Thronanspruch. – Niemand schien überrascht, mich in einem Geisteszustand schwankend zwischen Schwindel und Stumpfsinn zu finden.

Und doch war mir so, als ob ich im allertiefsten Innersten meines Verstandes eine Knospe zu sprießen spürte, die alle durchblätterten medizinischen Ratgeber Kompostreife erreichen ließ. Noch war es nur der Hauch, erst die Idee einer Idee, etwas außerordentlich Unbestimmtes.

Ich ging durstig aus, denn der Geschmack von fader Lektüre erweckt in mir das Bedürfnis nach freier Luft und erfrischendem Getränk.

Als ich ein Wirtshaus betreten wollte, hielt mir ein Bettler seinen Hut hin, mit einem jener unvergesslichen Blicke, die Throne stürzen würden, wenn der Geist die Materie bewegen und das Auge eines Magnetiseurs Trauben reifen lassen könnte.

Gleichzeitig hörte ich eine Stimme, die mir ins Ohr flüsterte, eine Stimme, die ich gut kannte: Es war die des guten Engels oder des guten Dämons, der mich überallhin begleitet. Wenn Sokrates seinen guten Dämon hatte, warum sollte ich da nicht auch meinen guten Engel haben? Warum nicht wie Sokrates die Ehre haben, ein Tollheitsdiplom zu erhalten, endunterfertigt vom klugen Lélut und vom gebildeten Baillarger?

Zwischen dem Dämon des Sokrates und dem meinigen gibt es folgenden Unterschied. Der Dämon des Sokrates manifestiert sich nur, um zu warnen, zu verbieten, zu verhindern. Der meine geruht, zu raten, zu ermuntern, zu überreden. Der arme Sokrates hatte nur einen verhindernden Dämon; der meine ist ein Bejaher, ein Dämon der Tat und des Kampfes, und seine Stimme flüsterte mir dieses: »Der allein ist dein Bruder, der es beweist. Nur der verdient sich Freiheit und das Leben, der täglich sie erobern muss.«

Augenblicklich sprang ich meinen Bettler an. Mit einem einzigen Fausthieb verpasste ich ihm ein Veilchen, das sofort zum Ball aufschwoll. Ich zerbrach mir einen Fingernagel, um ihm zwei Zähne auszuschlagen. Da ich mich nicht stark genug fühlte – ich bin von zarter Konstitution und habe im Boxen nicht genug Übung, um diesen Greis auf der Stelle niederzuschlagen – packte ich ihn mit einer Hand beim Rockkragen, mit der anderen an seiner Gurgel, um ihm den Kopf feste gegen die Mauer zu schlagen. Ich muss gestehen, dass ich mich zuvor mit schnellem Rundblick überzeugt hatte, dass wir in dieser öden Gegend außer Reichweite jeder Polizei waren.

Nach einem Fußtritt ins Kreuz, der die Schulterblätter zerbrach und diesen schwächlichen Greis zu Boden zwang, ergriff ich einen dicken Ast und schlug auf ihn ein mit der obstinaten Energie von Köchen, die ein Beefsteak zartprügeln.

Da plötzlich – o Wunder, o Wonne und Freude des Philosophen, dem sich die Richtigkeit seiner Theorie offenbart! – sah ich dies alte Gerippe sich aufrichten, mit einer Energie, die ich nicht mehr für möglich gehalten hatte. Mit einem Hassesblick, der mir ein gutes Omen schien, warf sich der alte Klapperkerl auf mich, schlug mir meine beiden Augen blau, zertrümmerte mir vier Zähne, und mit demselben Ast schlug er mich zu Brei. – Durch meine energische Kur hatte ich ihm den Stolz und das Leben wiedergegeben.

Ich machte ihm unter Anstrengung und Gebärdensprache begreiflich, dass ich die Feindseligkeiten als beendet betrachtete, und erhob mich mit der Genugtuung eines athenischen Sophisten und sprach also zu ihm: »Monsieur, Sie sind meinesgleichen! Erweisen Sie mir die Ehre, meine Börse mit Ihnen zu teilen; und erinnern Sie sich, wenn Sie ein wirklicher Menschenfreund sind, dass bei allen Ihren Mitbrüdern, wenn sie Sie um ein Almosen angehen, die Theorie in Anwendung zu bringen ist, die ich, unter Schmerzen, auf Ihrem Rücken erproben durfte.«

Er hat mir gelobt, dass er meine Theorie begriffen habe und meinem Rat folgen wolle.

L.

DIE GUTEN HUNDE
(Für Mr Joseph Stevens)
Les Bons Chiens (À M. Joseph Stevens)

Ich bin niemals, nicht einmal vor den jungen Schriftstellern meines Jahrhunderts, wegen meiner Bewunderung für Buffon rot geworden; doch heute ist es nicht die Seele dieses Malers der üppigen Natur, die ich zur Hilfe rufen will. Nein!

Weit lieber würde ich mich an Laurence Sterne mit den Worten wenden: »Steig vom Himmel herab oder zu mir hinauf, aus den Elysischen Gefilden, um mich zu einem Lobgesang auf die guten Hunde, die armen Hunde zu inspirieren, du empfindsamer Spaßmacher, du unvergleichlicher Spaßmacher! Komm zurück, rittlings auf deinem berühmten Esel, der dich stets im Gedächtnis der Nachwelt begleitet; und möge dieser Esel nicht vergessen, seine unvergängliche Makrone zart zwischen seinen Lefzen zu tragen!«

Nieder mit der akademischen Muse! Ich kann mit dieser Zierpuppe nichts anfangen. Ich rufe die heimische Muse an, die städtische und die lebendige Muse, und bitte sie, mir zu helfen, den Ruhm der guten Hunde zu singen, der armen Hunde, der verkackten Köter, die von jedermann als verlaust oder räudig verscheucht werden, nur nicht von den Armen, deren Gefährten sie sind, und nicht vom Dichter, der sie mit brüderlichem Blick betrachtet.

Pfui, du Luxushund, pfui, ihr vierfüßigen Speichellecker, diese Dänen oder King-Charles-Spaniels, diese Möpse und Wachtelhunde, die von sich selbst so eingenommen sind, dass sie sich dem Besucher schamlos zwischen die Beine quetschen oder auf den Schoß drängen, als wären sie sicher, das müsste allen gefallen; dabei sind sie quengelig oder schmollend wie Kinder, dreist wie Straßenschwalben, bockig und pampig wie Domestiken! Pfui zuallererst ihr Schlangen auf vier Beinen, die allen zittrig und träge im Weg liegen –

Windspiele nennt man sie –, die in ihren spitzen Schnauzen nicht mal genug Witterung haben, um der Spur eines Freundes zu folgen, in ihren Flachkopf passt grade genug Grips zum Dominospielen!

Und nun los und ab ins die Körbchen, ihr langweiligen Schmarotzer!

Husch, husch, zurück in eure mit reiner Seide gepolsterte Hundehütte … Ich besinge den dreckigen Hund, den armen Hund, den streunenden Hund ohne Zuhause, den echten Straßenköter, den Seiltänzerhund, den Hund, dessen Instinkt – wie der des Penners, des Bohemiens und des Schmierenkomödianten – gewitzt wurde durch die Not, dieser guten Mutter, der wahren Schutzgöttin schlauer Menschen!

Ich besinge die geschlagenen Hunde, die einsam durch die Gossen der Gassen großer Städte streunen und den verlassenen Menschen gewitzt zuzwinkern: »Nimm mich mit, wir schmieden uns aus zwei elenden Einsamkeiten eine glückliche Zweisamkeit!«

»*Wohin gehen die Hunde?*« – hat Nestor Roqueplan in einem unsterblichen Feuilleton gefragt, was er sicher vergessen hat und an das sich heute nur noch ich und vielleicht noch Sainte-Beuve erinnern.

Wohin gehen die Hunde?, fragt ihr stumpfen Menschen? Sie gehen ihren Geschäften nach.

Geschäftsbesprechungen, Sondertreffen, Liebesaffären. Durch den Nebel, durch den Schnee, durch den Schmutz, durch Hundstage und Wolfsnächte, bei strömendem Regen gehen sie, kommen sie, laufen sie, trotten sie, drängen sie sich unter Wagen, gehetzt von Flöhen, Leidenschaft, Notdurft und Pflicht. Sie sind, wie wir, seit frühem Morgen auf den Beinen, sie suchen ihren Lebensunterhalt oder laufen den Vergnügungen nach.

Einige leben in einer Ruine der Vorstadt und kommen jeden Tag pünktlich an eine Küchentür des Palais-Royal, um den Abfall einzufordern; andere laufen im Trupp mehr als fünf Meilen weit, um an einem Mahl teilzunehmen, das ihnen die Wohltätigkeit gewisser sechzigjähriger Frauen bereitet hat, deren unterbeschäftigte Herzen sich den Tieren zugewandt haben, weil die dummen Männer sie nicht mehr begehren.

Wieder andere verlassen, wie entlaufene liebestolle Schwarze, an bestimmten Tagen ihre Wohnstätten, um in die Stadt zu kommen und stundenlang eine schöne Hündin zu umbalzen – mag ihr Aufzug auch etwas verwahrlost wirken, so ist sie doch stolz und dankbar.

Und sie alle sind pünktlich, ohne Terminkalender, Notizblock oder Notebook.

Kennen Sie das faule Belgien, und haben Sie, wie ich, all die starken Hunde bewundert, die dort vor den Karren des Fleischers, des Milchmädchens oder des Bäckers gespannt sind und mit triumphierendem Gebell und stolzer Freude klarmachen, was sie von ihrer Gleichstellung mit den Pferden halten?

Und hier sind zwei, die einer noch zivilisierteren Klasse angehören! Gestatten Sie, dass ich Sie in das Gemach des abwesenden Marktschreiers führe. Ein Bett aus bemaltem Holz, ohne Vorhänge, herumliegende verwanzte Decken, zwei Korbstühle, ein gusseiserner Topf, ein oder zwei kaputte Musikinstrumente. Oh, trauriges Mobiliar! Betrachten Sie doch bitte diese beiden klugen Geschöpfe, so üppig wie zerknautscht gewandet mit prächtigen Baretten wie bei Troubadouren oder beim Militär – sie bewachen aufmerksam wie Hexenmeister das namenlose Gericht, das auf dem Herd köchelt, brodelt und wallet und zischt, und in dessen Mitte ein langer Löffel aufragt, aufgepflanzt wie ein Mast, dessen Fahne das Richtfest verkündet.

Ist es da nicht nur gerecht, dass sich so eifrige Komödianten erst dann auf den Weg machen, wenn sie ihre Mägen mit einer derben, kräftigen Suppe gefüllt haben?

Würden Sie diesen armen Teufeln ihre Empfindlichkeit verübeln, die Tag für Tag die Gleichgültigkeit des Publikums und die Ungerechtigkeit des Direktors ertragen müssen, der stets den Löwenanteil für sich nimmt und allein mehr von der Suppe isst als alle vier Komödianten zusammen?

Wie oft hab ich mit gerührtem Lächeln diese vierfüßigen Philosophen betrachtet, diese gefälligen, gehorsamen, sich aufopfernden Sklaven, die das republikanische Wörterbuch auch als *dienstbare Geister* bezeichnen könnte, wenn die Republik, zu beschäftigt, den Menschen ihre Bürde zu nehmen, Zeit fände, den Hunden ihre Würde zu geben.

Wie oft habe ich schon überlegt, ob es nicht vielleicht irgendwo (wer weiß das schon?) – um so viel Mut, Geduld und Arbeit zu belohnen – ob es nicht ein besonderes Paradies geben sollte für die guten Hunde, die armen Hunde, die trostlosen Hunde. Swedenborg behauptet fest, dass es eins für die Türken und eins für die Holländer gibt.

Die Hirten Virgils und Theokrits erwartet als Lohn für ihre Lieder ein guter Käse, eine Flöte vom besten Holz oder eine Ziege mit prallem Euter. Der Dichter, der die armen Hunde besungen hat, wurde mit einer schönen Weste belohnt, von satter und gleichzeitig verschossener Farbe, die an die Herbstsonne, die Schönheit reifer Frauen und den Altweibersommer denken lässt.

Niemand, der in der Taverne der Rue Villa-Hermosa dabei war, wird je vergessen, mit welchem Eifer der Maler seine Weste zu Ehren des Dichters auszog: so deutlich hat er begriffen, wie süß und ehrenhaft es ist, die armen Hunde zu besingen.

So bot ein prunkliebender italienischer Principe der guten alten Zeit dem göttlichen Aretino seinen edelsteinbesetzten Dolch oder ein Festgewand an, zum Tausche für ein herrliches Sonett oder für ein köstliches satirisches Gedicht.

Und jedes Mal, wenn der Dichter die Weste des Malers anzieht, muss er an die guten Hunde denken, an die philosophischen Hunde, an den Altweibersommer und an die Schönheit richtig reifer Frauen.

EPILOG

Den Berg erstieg ich mit zufriedenem Sinn,
die Blicke weidend an dem Häusermeere
für Kranke, Huren, Heilige, Diebe, – drin

das Ungeheure wächst in trächt'ger Schwere.
Du, Satan, Schutzherr meiner Seelenqual,
du weißt: ich weinte keine eitle Zähre;

nein: als alter Lüstling wohl einmal,
wollt ich berauscht sein von der Mega-Dirne,
die mich verjüngt um Tage ohne Zahl.

Ob du noch schläfst, mit brünstig feuchter Stirne,
rheumatisch, finster, schwer –, ob du gelassen
lenkst den Weg der Abrissbirne:

Verruchte Stadt, wie könnt ich dich je hassen! –
Mädels, Stricher vermieten ihre Lust:
Das können kleine Geister niemals fassen.

ANHANG

BAUDELAIRES ÜBERWÄLTIGENDE BEDEUTUNG

Von Victor Klemperer

Baudelaires überwältigende Bedeutung, die erst erkannt, dann umstritten wurde, liegt heute längst am Tage. In bezug auf die Neuromantik kann man ihn nur mit Petrarca vergleichen. So wie Petrarca alles keimhaft vereint in sich trug, was später die italienische Renaissance entfaltete, genauso birgt das Werk Baudelaires mindestens keimhaft alles, was im einzelnen die Neuromantik teils von sich aus weiterentwickelte, teils bei andern Vorläufern entwickelter vorfand als bei Baudelaire. Was die Neuromantik vor allem von ihm erlernte, das war der Gebrauch des persönlichen Symbols, der Synästhesie und des Prosagedichtes, d.h.: der drei stärksten Mittel des Entgrenzens.

Da Baudelaire als seinen eignen Anreger im Punkte des Prosagedichtes Aloysius Bertrand nannte, und da diese Ausdrucksform für die Neuromantik wesentlich wurde, ja ihre eigentliche und beinahe einzige Form, so gewann der höchst unbedeutende Bertrand einen großen, in mancherlei Editionen und Monographien wissenschaftlich bezeugten Ruhm, den er, selbst in rein formaler Hinsicht, kaum verdient. Bertrand hinterließ nämlich als hauptsächliche dichterische Ausbeute seiner kurzen und glücklosen *vie romantique*, in der er lebend und schreibend doch nur ein Nachbeter gewesen war, ein begabter und gutwilliger Gefolgsmann der großen Romantiker – er hinterließ 1841 seine *Gaspard de la Nuit*, eine Sammlung von Prosagedichten und -balladen, die sich Baudelaire zum Vorbild nahm oder zu nehmen glaubte. Aber nicht nur, dass Bertrands Prosagedichte inhaltlich ohne Originalität sind, und dass sie formal nur insoweit eine Neuerung darstellen, als sie auf ursprünglich französische Gedichte anwenden, was vorher schon (besonders von Chateaubriand) in Übersetzungen versucht worden ist: sondern diese Bertrandsche poetische Prosa bedeutet noch gar nicht das eigentliche zukunftsgewaltige Prosagedicht. Dies, das **wirkliche** *poème en prose* der Neuromantik, **hat Baudelaire und nur Baudelaire geschaffen**; denn während Bertrand nur eben versucht, wie geschmückte Prosa klingt, wo man bisher den Vers für das Selbstverständliche hielt, führt Baudelaire eine scharfe innere Trennung zwischen Vers- und Prosagedicht, und damit erst die neue Form wirklich und berechtigterweise ein. Bei ihm ist das gleiche Thema in Versen milder und versöhnlicher, in Prosa aufpeitschender und unerbittlicher behandelt: er trägt durch die Prosa jene analytische Klarheit in das Dunkel der lyrischen Leidenschaft, die Bourget bei Stendhal studiert, die Bourget und Barrès als Mischung aus Fieber und Hellsichtigkeit anstreben.

Diesen Ausführungen, die das *poème en prose* nur als eigentlich lyrisches, in sich geschlossenes Gedicht neu erscheinen lassen, es dagegen als gelegentliches Element des Romans auf die mittelalterlichen Anfänge des Prosaromans zurückleiten – ihnen wurde einige Male entgegengehalten, dass sie ein wirkliches Gesetz des Prosagedichtes, so wie es Gesetze gibt für die Form der Ballade etwa oder des Sonetts, nicht aufdecken. Hier ist offenbar ein Verkennen des Wesentlichen im Spiel. Nimmt man Gesetz als innere Notwendigkeit, so besteht das Gesetz des Prosagedichtes in nichts anderm als eben darin, die Ausdrucksart des Zerlegens und Denkens mit der des Zusammenschauens und Fühlens ineinanderzuschmelzen. Nimmt man Gesetz aber als von außen kommende allgemeinverbindliche Regel (wie etwa: du musst dich auf vierzehn Zeilen beschränken, die in vier Strophen zu gliedern sind, derart dass … usw.), dann besteht das Gesetz des Prosagedichtes in doppelter Gesetzlosigkeit oder Willkür: es befiehlt dem einzelnen, die Allgemeinverbindlichkeit sowohl der Prosa als auch der Verssprache zu missachten und nur von dem Schlagen seines Herzens und dem Rhythmus seines Denkens Ordre zu nehmen. Von beiden zugleich, wohlgemerkt. Der Schlag des Herzens allein ergibt den *vers libre*. So liegt es in der Theorie; in der Praxis werden, je nach dem vorherrschenden Empfinden des Autors, Erzeugnisse, die sich formal kaum oder gar nicht voneinander unterscheiden, bald als Prosa, bald als Prosagedichte und bald als *vers libres* ausgegeben. Übrigens werden die philologischen Bemühungen, das Gesetz dieser Gesetzlosigkeit, genauer: die Regel dieser Regellosigkeit zu finden, in einiger Zeit nur noch ein umgrenztes Interesse besitzen, wie es heute den Untersuchungen über den antikisierenden Vers der französischen Renaissance zukommt. Denn ebenso wie sich die Franzosen sehr bald von der Nachahmung antiker Verse abwandten, ebenso wenden sie sich heute schon vom Prosagedicht und dem *vers libre* ab; sie vermögen sich auf die Dauer weder gesetzlos noch nach fremdem Gesetz auszudrücken.

Prosagedicht, Synästhesie und persönliches Symbol dienen zur Verdeutlichung oder suggestiven Andeutung alles dessen, was dem einzelnen allein und nicht der Gesamtheit der Menschen angehört, was im einzelnen selber halbdunkel oder dunkel lebt in der Sphäre des Gefühls, des Instinktes, außerhalb, unterhalb der Vernunft. Überphantastische, vielleicht kranke Autoren kommen zu Ansehen, werden »Vorläufer«, sobald die naturwissenschaftliche Psychologie in den Dienst einer neuen metaphysischen Sehnsucht gestellt wird.

EDITORISCHE NOTIZ

Die Blumen des Bösen gelten in literaturhistorisch rarer Einmütigkeit nicht nur als Baudelaires Meisterwerk, sondern als ein die Jahrhunderte überstrahlender Stern der Dichtkunst der Welt. An Rang vergleichbar nur mit dem sonst unvergleichlichen *Buch der Lieder* von Heinrich Heine.

Der Dichter hätte dem nicht widersprochen. Dennoch war er nach Vollendung dieses Lebenswerks heftigen öffentlichen Anfeindungen ausgesetzt, die zu Anklage und Verurteilung als Sittenverderber und Schänder der Moral führten, so dass er sich neuen Wortwelten, einer neuen Form von Lyrik zuwandte, dem Gedicht in Prosa. »Wer von uns«, schrieb er in seiner einleitenden Widmung an Arsène Houssaye, »hat nicht in seinen ehrgeizigen Tagen das Wunder einer poetischen Prosa erträumt, die musikalisch wäre ohne Reim & Rhythmus, gehämmert und schmiegsam genug, um sich den lyrischen Schwingungen der Seele anzupassen, den Wellen der Träumerei und sich dabei den Zuckungen des Bewusstseins fügt?

Diese Sehnsucht erwächst aus dem Leben in den großen Städten mit ihren unzähligen Verschlingungen. Ich habe versucht, die schrillen Schreie einzufangen und in einer lyrischen Prosa alle trostlosen Suggestionen auszudrücken.« Bei seinem Freund & Schwergewicht Victor Hugo setzte er nach: »Ich habe meine ganze Bitterkeit, meinen ganzen Hass hineingelegt. Ich hoffe, mir ist ein Werk gelungen, in dem sich das Schreckliche mit dem Komischen, der Zorn sich mit dem Zärtlichen noch kühner und einzigartiger verbindet als in den *Blumen des Bösen*.«

Baudelaire hat die Buchausgabe seiner Prosagedichte nicht mehr erlebt. Von 1857 bis 1867 waren vierzig der insgesamt fünfzig – geplant waren hundert – Poeme in verschiedenen Zeitungen und Zeitschriften erschienen als

Poèmes Nocturnes – Petits Poèmes en Prose. Die Buchausgabe folgte 1869, zwei Jahre nach dem Tod des Dichters, bei Michel Lévy in Paris.

Deutsche Fassungen folgten 1908 von Margarete Bruns für den J. C. C. Bruns Verlag in Minden unter dem Titel *Kleine Dichtungen in Prosa – Der Wahn von Paris*; und 1923 von Erik-Ernst Schwabach unter dem Titel *Kleine Gedichte in Prosa* als »Der Sanssouci-Bücher Erster Band«, herausgegeben von Franz Blei im Müller Verlag, Potsdam.

Anlässlich des 200. Geburtstag des Dichters am 9. April 2021 legt der Haffmans Verlag die von Franziska & Fritz van Eycken beherzt neu gefasste, den beiden Vorgängern in Verehrung verpflichtete Version als Jubiläumsausgabe bei Zweitausendeins vor.

Der im Anhang beigegebene Beitrag *Baudelaires überwältigende Bedeutung* von Victor Klemperer ist seiner seinerseits überwältigenden *Geschichte der französischen Literatur im 19. und 20. Jahrhundert* entnommen,
(Quelle: Deutscher Verlag der Wissenschaften, Berlin 1956, Band II, Seiten 149–161.)

Fritz van Eyken, Jahrgang 1944, autodidaktische Ausbildung als Leser, anfänglich der Werke von Karl May, später auch der von Mark Twain , R. L. Stevenson, J. F. Cooper, Heinrich und Thomas Mann u.v.a.; seit 1964 literarisch-editorisch tätig; seit 2001 als Senior-Editor beim Verlag & Versand Zweitausendeins zu Leipzig bedienstet; dort Herausgeber einiger Klassiker-Ausgaben u.a. von Samuel Pepys, Georg Büchner, Heinrich Heine, Joachim Ringelnatz, Arthur Schopenhauer, »Walter«, Gustave Flaubert, Edmond & Jules de Goncourt, Oscar Wilde, Saki, Conan Doyle, Kurt Tucholsky, Gottfried Benn u.a.; einige gemeinsam mit Franziska van Eyken; von 1982 bis 2019 Herausgeber des Magazin für jede Art von Literatur »Der Rabe«; 1986 Erfinder des »Raben-Kalenders für jeden Tag im Jahr, der seit 1995 bis auf das heutige Jahr 2021 exklusiv von Tini Haffmans herausgegeben wird.